Bitcoin & Criptovalute

La Guida Completa e Aggiornata per Principianti su come Investire e Guadagnare nel mondo delle Criptovalute e dei Mercati Digitali con Semplicità e senza Rischi

Giuseppe Lombardi

Giuseppe Lombardi

© Copyright 2021 – Giuseppe Lombardi - Tutti i diritti riservati.

Il contenuto contenuto in questo libro non può essere riprodotto, duplicato o trasmesso senza il permesso scritto diretto dell'autore o dell'editore.

In nessuna circostanza sarà attribuita alcuna colpa o responsabilità legale all'editore, o autore, per eventuali danni, riparazioni o perdite monetarie dovute alle informazioni contenute in questo libro. Direttamente o indirettamente.

Avviso legale:

Questo libro è protetto da copyright. Questo libro è solo per uso personale. Non è possibile modificare, distribuire, vendere, utilizzare, citare o parafrasare alcuna parte o il contenuto di questo libro senza il consenso dell'autore o dell'editore.

Avviso di esclusione di responsabilità:

Si prega di notare che le informazioni contenute in questo documento sono solo a scopo educativo e di intrattenimento. È stato fatto tutto il possibile per presentare informazioni accurate, aggiornate e affidabili e complete. Nessuna garanzia di alcun tipo è dichiarata o implicita. I lettori riconoscono che l'autore non si impegna a fornire consulenza legale, finanziaria, medica o professionale. Il contenuto di questo libro è stato derivato da varie fonti. Si prega di consultare un professionista autorizzato prima di provare qualsiasi tecnica descritta in questo libro.

Leggendo questo documento, il lettore accetta che in nessun caso l'autore è responsabile per eventuali perdite, dirette o indirette, che sono sostenute a seguito dell'uso delle informazioni contenute in questo documento, inclusi, ma non limitati a, errori, omissioni o imprecisioni.

INDICE

Indice 5

Introduzione   Che Cos'è Una Criptovaluta? 7

Capitolo 1 L'importanza Delle Criptovalute 21

Capitolo 2 Bitcoin - Un Simbolo Di Prosperità 27

Capitolo 3 Altre Crypto: Ethereum, Dogecoin, Ripple 35

Capitolo 4 Utilità Token: Cosa Sono? 53

Capitolo 5 Evoluzione Delle Token Offerings: Ico, Ieo, Sto E Ido 63

Capitolo 6 Blockchain: Vantaggi E Svantaggi 73

Capitolo 7 Come Ottenere Bitcoin 79

Capitolo 8 Valutazione Economica Di Un Criptoasset 87

Capitolo 9 Come Investire In Bitcoin E Criptovalute Oculatamente 93

Capitolo 10 Come Tenere Al Sicuro Le Criptovalute - Chiavette / Wallet 109

Capitolo 11 Come Difendersi Dai Truffatori Delle Criptovalute 121

Capitolo 12 Soft E Hard Fork: Significato E Differenze 127

Capitolo 13 Il Futuro: Una Sfida Da Vincere 139

Conclusioni 145

INTRODUZIONE

CHE COS'È UNA CRIPTOVALUTA?

L e criptovalute sono valute digitali o virtuali in grado di operare come mezzo di scambio da persona a persona, consentendo *pagamenti diretti* tra individui.

Questo libro fornisce un'ampia panoramica delle criptovalute: la loro storia, le loro caratteristiche e cosa potrebbero significare per il futuro della finanza.

Cosa ha portato alle criptovalute in primo luogo?

La storia delle criptovalute risale ai primi anni '80, quando il crittografo David Chaum creò una forma di moneta anonima, crittografica ed elettronica. Questo è stato chiamato ecash, ed è stato successivamente implementato attraverso il framework Digicash, che ha permesso che la valuta digitale non fosse rintracciabile dalla banca emittente, dal governo o da qualsiasi altra terza parte. Sebbene ulteriori ricerche abbiano preceduto le criptovalute in seguito a questi sviluppi, non hanno raggiunto un punto di rilievo fino all'inizio degli anni 2000.

In particolare, nel 2008, il mondo ha assistito a una grave crisi finanziaria: le banche hanno vacillato, le imprese sono crollate e centinaia di migliaia di persone si trovavano in gravi difficoltà finanziarie; incapaci di ripagare case, prestiti e altri investimenti.

Fu in questo periodo che le criptovalute vennero alla ribalta. Durante il crollo finanziario, le banche e le istituzioni finanziarie di tutto il mondo hanno dovuto essere "salvate" dai loro governi, e quindi indirettamente dai contribuenti.

Di conseguenza, è diventato sempre più chiaro che il sistema finanziario moderno non era solo inaffidabile e fragile, ma forse anche intrinsecamente imperfetto.

Così, tra le altre ragioni che risalgono alla ricerca e all'interesse per la tecnologia crittografica, il desiderio di una valuta alternativa nasceva da una profonda insoddisfazione per le banche e le istituzioni finanziarie tradizionali.

Non solo, ma le criptovalute derivavano anche da una profonda insoddisfazione per le *valute Fiat* tradizionali: la forma di valuta più predominante oggi.

Le valute Fiat sono create da un governo nazionale, la cui offerta è completamente controllata da un governo e la cui esistenza è predicata da cittadini e istituzioni che hanno fede in quel governo.

Il " Whitepaper Blockchain " originale

Il 31 ottobre 2008 è stato pubblicato un white paper che ha introdotto il **Bitcoin** al pubblico. La premessa principale del documento evidenzia come l'attuale modello per i pagamenti elettronici richieda la *fiducia* in una terza parte.

Il documento prosegue dimostrando che attraverso la tecnologia crittografica, quella fiducia può essere sostituita con una soluzione matematicamente valida.

Pertanto, il documento ha abbozzato un futuro sistema di pagamento che non richiede la *centralità* del settore bancario e finanziario tradizionale, né uno che richiede *fiducia collettiva* nei governi e nelle istituzioni tradizionali.

Piuttosto che entrare nei dettagli tecnici di Bitcoin, capire la moneta è più semplice rispetto **all'oro.**

Se guardiamo agli aspetti "migliori" dell'oro, questi sono probabilmente la sua *non dipendenza da alcuna autorità centrale* (nessuna singola entità controlla il valore dell'oro), il fatto che è *globalmente accettato* come mezzo per trasferire valore e il fatto che è fondamentalmente *scarso*.

In termini semplici, il Bitcoin può essere inteso come una forma di valore che, come l'oro, è intrinsecamente scarso e deve essere "estratto". Consentendo l'esecuzione continua di sequenze di codici e numeri, vengono risolte specifiche equazioni matematiche, con il risultato che i Bitcoin alla fine vengono `` sbloccati ".

Oltre ad essere scarso, il Bitcoin è progettato in modo tale che la sua *offerta si riduca nel tempo* e diventa sempre più difficile da estrarre.

Come funziona la criptovaluta

Negli ultimi anni nell'ambito delle criptovalute e della Blockchain, la natura della " criptovaluta " è diventata sempre più complessa. Alcune monete esistono come *gettoni di utilità* e altre come *gettoni di sicurezza* , con varie definizioni esistenti per entrambi.

Con l'obiettivo di fornire un'introduzione di base alle criptovalute, procediamo con la comprensione di come funzionano le criptovalute in base al loro scopo 'originale', ovvero quello di facilitare le transazioni digitali (possiamo approfondire i loro altri casi d'uso nei prossimi capitoli).

L'idea di 'facilitare le transazioni digitali' può sembrare ancora un po' vaga, quindi siamo più precisi: attraverso le criptovalute, le persone sono in grado di trasferire valore tra loro *in modo diretto,* simile a una transazione in contanti.

Il problema della doppia spesa

Questo ruolo delle banche è di fondamentale importanza perché previene un *problema* noto come *Double Spend Problem:* poiché il denaro digitale è come un file memorizzato sul tuo computer, è facile per qualcuno semplicemente "contraffarlo" copiando e incollando la transazione, risultando in persone che spendono soldi che non possiedono.

Le banche prevengono questo problema della doppia spesa tenendo traccia del denaro nei conti di tutti, assicurandosi che nessuno effettui lo stesso pagamento due volte.

Con le criptovalute, tuttavia, chiunque è in grado di trasferire il denaro ad altri senza dover facilitare la transazione tramite una banca.

Questo perché la criptovaluta e la sua infrastruttura sottostante sono una delle prime forme di tecnologia in grado di risolvere il problema della doppia spesa mentre le terze parti centrali (come le banche) sono escluse dall'equazione.

IL PRINCIPIO DI DECENTRALIZZAZIONE

In termini semplici, le criptovalute come Bitcoin funzionano utilizzando la *tecnologia di registro distribuito*. Per semplicità, un "libro mastro distribuito" può essere inteso come nient'altro che un registro condiviso.

Pertanto, un libro mastro Blockchain è una sorta di registro contabile tradizionale che tiene traccia delle transazioni tra gli utenti all'interno del sistema. La differenza, tuttavia, è che i registri Blockchain sono generalmente *pubblici* e *decentralizzati*.

In una rete decentralizzata (Blockchain), non esiste un server centrale (come una banca) per convalidare e legittimare le transazioni tra pari. Piuttosto, a ogni entità all'interno della rete viene assegnata la responsabilità di svolgere questo lavoro.

In altre parole, ogni peer o utente all'interno di una rete ha un elenco di tutte le transazioni per assicurarsi che siano valide e che non si verifichi una doppia spesa.

Le caratteristiche di una transazione in criptovaluta

I passaggi precedenti, sebbene altamente semplificati, costituiscono la base di ogni transazione con criptovalute predominanti come Bitcoin, Ethereum, ecc. Per "transazione" s'intende ogni scambio di criptovaluta.

Non è *reversibile*, non può essere contraffatto e fa parte di una registrazione immutabile di transazioni storiche.

Irreversibile: dopo che è stato raggiunto il consenso tra i nodi all'interno della rete e la conferma è avvenuta, la transazione non può in nessun caso essere annullata. Indipendentemente da qualunque cosa possa essere accaduta lungo il percorso, la transazione rimarrebbe irreversibile e non ci sarebbe un piano di emergenza su cui fare affidamento. Questo a meno che non si verifichi un "fork", come quando Bitcoin Cash si è separato da Bitcoin a causa di una divisione di rete (lo vedremo in seguito).

Sicuro: con la crittografia, i fondi sono bloccati dietro un sistema di crittografia a "*chiave pubblica*". Affinché il denaro venga inviato da questi fondi, è necessaria una *chiave privata*, che è detenuta esclusivamente dal proprietario del fondo. Pertanto, le transazioni di criptovaluta non possono essere contraffatte, in base alla natura dei framework crittografici sottostanti.

Globale ed efficiente: a seconda delle dimensioni, della scala e della congestione all'interno di una rete di criptovaluta, le transazioni vengono avviate nel libro mastro quasi istantaneamente. Successivamente, vengono generalmente confermati dalla comunità (colleghi della rete) in pochi minuti. Il software e l'hardware che consentono queste transazioni sono distribuiti su una rete globale di computer, il che significa che la posizione fisica è del tutto irrilevante in un processo di transazione.

Pseudonimo: quando parliamo di transazioni di criptovaluta, dobbiamo infine tenere presente che mantengono l'*anonimato* degli utenti tramite la pseudonimizzazione.

Le criptovalute come Bitcoin vengono ricevute in "indirizzi", che sono sequenze di numeri casuali di circa 30 caratteri. Sebbene sia possibile tracciare il flusso storico delle transazioni delle criptovalute, non è di per sé possibile effettuare la connessione tra l'indirizzo e l'identità del proprietario dell'indirizzo. Pertanto, gli account utente e i numeri di transazione non sono entrambi legati ad alcuna identità del mondo reale, a condizione che l'utente controlli le proprie chiavi private. Nel caso di scambi di criptovalute e piattaforme di trading, tuttavia, gli utenti dovranno essere identificati attraverso un processo di base "Know Your Customer" (KYC).

Ora che si spera che tu abbia compreso le basi delle transazioni di criptovaluta, potresti chiederti quando si verificano queste transazioni. Da un lato, le criptovalute vengono utilizzate per acquistare e vendere beni e servizi.

Un caso d'uso più popolare per loro al momento, tuttavia, è il **trading**: utilizzare Fiat o criptovaluta per acquistare e vendere più criptovalute diverse, beneficiando dei loro movimenti di prezzo relativi.

Nel mondo della finanza, in particolare, il trading di criptovaluta è diventato un fenomeno particolarmente grande, con ora un'abbondanza di opportunità di trading, piattaforme e scambi tra cui scegliere per investitori di grandi e piccole dimensioni. In molti modi, il trading di criptovaluta non è diverso dal trading di valuta tradizionale (Forex), tranne per il fatto che hai a che fare con valute non Fiat.

I token più scambiati nello spazio delle criptovalute

Bitcoin

La prima e più importante criptovaluta, Bitcoin funge da gold standard nell'intero spazio delle criptovalute, il che significa che il prezzo di più o meno ogni altra criptovaluta è (almeno in una certa misura) ancorato al prezzo di Bitcoin.

Ethereum

La moneta Ethereum (Ether) è progettata in un modo fondamentalmente diverso da Bitcoin, in quanto la sua Blockchain non funziona solo per convalidare una serie di conti e saldi, ma anche ciò che è noto come stati. Ethereum viene utilizzato anche come piattaforma per l'applicazione Blockchain, il che significa che altre aziende e sviluppatori sono in grado di lanciare i propri token tramite la piattaforma e l'infrastruttura Ethereum.

Ripple

La criptovaluta nativa dell'ecosistema Ripple, XRP, è una delle valute più scambiate nello spazio crittografico. Sebbene il caso d'uso principale non sia stato ancora ampiamente adottato, il token XRP ha lo scopo di rendere i pagamenti e i trasferimenti tra banche fondamentalmente più semplici. Finora, molte banche in tutto il mondo hanno mostrato interesse nell'adozione di Ripple e il suo marchio sta crescendo a un ritmo sempre maggiore. L'obiettivo principale di Ripple è accelerare i trasferimenti finanziari tra banche da giorni a secondi.

Litecoin

Dopo il Bitcoin, Litecoin è stata una delle prime criptovalute ad emergere nello spazio, ed è stata quindi considerata come "l'argento al bitcoin digitale dell'oro ". Litecoin è ancora attivamente sviluppato e scambiato ed è considerato da molti come un valido `` backup " nel caso in cui Bitcoin fallisca. Litecoin afferma anche di essere un'alternativa migliore e più veloce per transazioni e pagamenti.

Bitcoin Cash

Questa criptovaluta è stata creata nell'agosto 2017, derivante da un fork di Bitcoin Classic. Un fork è quando una blockchain diverge in due potenziali percorsi in avanti. Da allora, Bitcoin Cash è diventata una delle monete più importanti nel mercato delle criptovalute. È stato creato allo scopo di blocchi di transazioni più grandi, consentendo così di elaborare più transazioni contemporaneamente.

LA PROMESSA DELLE CRIPTOVALUTE

Sebbene le criptovalute si trovino ancora in una fase di sviluppo, presentano un immenso potenziale. In particolare, le criptovalute hanno il potenziale per essere utilizzate come meccanismo di archiviazione di valore sicuro e privato. Allo stesso tempo, sono in grado di facilitare le transazioni in modi potenzialmente più efficienti e convenienti rispetto ad altri sistemi di pagamento.

Ci sono alcuni fattori su cui concentrarsi: **digitale, crittografia avanzata, creazione, transazioni** e **verifica.**

Perché, quindi, il Bitcoin è una tecnologia così rivoluzionaria? Gran parte di ciò è dovuto al suo design nel prevenire un problema chiamato "doppia spesa".

Con il Bitcoin, il riconoscimento e la prevenzione di questo problema ha fatto sì che non dovremo mai dubitare che il dollaro/euro appena donato sia effettivamente spendibile dal mittente e senza bisogno di un intermediario per verificarlo. È simile ai contanti che escono dal tuo portafoglio. Una volta che l'hai dato via, puoi vedere di persona che non è più lì.

Questo concetto è rivoluzionario perché si tratta di risorse **digitali,** che in passato richiedevano a qualcuno di **verificare le transazioni** poiché non c'era modo di renderle tangibili.

Con il Bitcoin, ogni transazione viene aggiunta a un " blocco", che viene quindi aggiunto alla fine di una catena, la " blockchain ", e nessuno può manomettere i blocchi precedenti una volta che sono stati confermati. Questo viene fatto attraverso una **forte crittografia** usando qualcosa chiamato una funzione di hash crittografica SHA-256.

Quindi da dove viene tutto questo Bitcoin? Come parte del processo di conferma delle transazioni sulla blockchain, ci sono persone chiamate miners che gestiscono computer o chip per risolvere enigmi crittografici in una gara per aggiungere un nuovo blocco alla blockchain. Per premiare questi miner per il loro contributo nel mantenere la rete sicura, vengono **creati** nuovi bitcoin con ogni blocco aggiunto.

Il motivo per cui abbiamo bisogno di minatori come parte di una blockchain è a causa della sicurezza. Con il sistema di prova del lavoro, è necessario spendere risorse del mondo reale, come l'elettricità, per confermare i blocchi: ci sono costi sostenuti prima di poter ricevere le ricompense.

Con questo sistema, diventa costoso per i truffatori attaccare la blockchain, poiché dovranno spendere molte risorse nell'attacco; con altri che agiscono nell'interesse di ricevere Bitcoin legittimamente per i loro sforzi nel mining, questi aggressori hanno poche possibilità di impossessarsi di oltre il 51% della rete e di controllarne efficacemente la maggioranza.

Esistono anche altre forme di meccanismi di consenso, come proof-of-stake, proof-of-stake delegato, proof-of-authority, proof-of-burn, proof-of-developer e altro ancora.

Perché preoccuparsi delle criptovalute?

Il denaro che usi oggi - valuta fiat, emessa come moneta a corso legale - è controllata dai governi e dalle banche che ne gestiscono l'offerta, l'emissione e la distribuzione. Il più delle volte, è abbastanza buona per le transazioni quotidiane.

Possiamo vedere esempi di governi che hanno iper-gonfiato la loro valuta nel corso della storia, o banche che tengono il denaro in ostaggio dalle famiglie di coloro che lo possiedono. A volte, può anche essere semplicemente inefficiente; ad esempio, quando le banche non autorizzano un trasferimento internazionale urgente durante i fine settimana perché non operano in quel momento.

All'indomani della crisi finanziaria del 2007/2008, una o più persone chiamate Satoshi Nakamoto (nome fittizio), hanno creato il Bitcoin, che è stato descritto come "un sistema di contanti elettronico peer-to-peer".

Subendo le conseguenze della crisi finanziaria, molte banche non sono state in grado di rimanere a galla e hanno dovuto fare affidamento sui salvataggi dei governi per sopravvivere, utilizzando il denaro dei contribuenti. Molti dei sostenitori originali delle criptovalute erano fortemente contrari al modo in cui i governi potevano semplicemente "stampare denaro" per sostenere l'economia. Quando lo fanno, in effetti stanno svalutando il denaro che le persone detengono e stanno mettendo il controllo nelle mani di politici che potrebbero non sapere come agire al meglio nell'interesse dei loro elettori.

Con la nascita del Bitcoin, molti hanno iniziato a vedere una chiara via da seguire per un mondo in cui le persone avevano il controllo delle proprie risorse. Questo, oltre all'ascesa di grandi società di Internet che vendevano i dati dei loro utenti a scopo di lucro, ci da le basi iniziali di una rivoluzione. Gli idealisti stavano iniziando a immaginare un mondo in cui emergiamo come individui sovrani, persone che avevano voce in capitolo sui nostri soldi, la nostra privacy, la nostra attenzione e altro ancora - e così l'idea si è diffusa.

I vantaggi delle criptovalute

Senza fiducia

Un termine un po' improprio, senza fiducia è in realtà una qualità intesa a spiegare che *puoi fidarti di più delle persone perché non devi fidarti di nessuno in particolare*. Puoi utilizzare la blockchain con sicurezza sapendo che nessuno può manometterla dopo che la tua transazione in un blocco è stata confermata (salvo un attacco alla rete). Puoi anche obbligare qualcuno ad adempiere ai propri obblighi utilizzando "contratti intelligenti".

Controllo

In relazione al punto precedente, puoi controllare e gestire i tuoi beni senza intermediari coinvolti. Basta tenere le tuo chiavi private al sicuro (ne parleremo nei capitoli dedicati).

Globale

Ciò significa che anche coloro che non hanno accesso all'attuale sistema bancario (underbanked o unbanked) possono partecipare all'economia globale.

Trasparente

Puoi controllare ogni transazione che sia mai avvenuta sulla maggior parte delle blockchain, come Bitcoin o Ethereum.

Fattori noti

A differenza del tipico sistema monetario emesso dal governo, la maggior parte delle criptovalute viene fornita con un programma di fornitura prevedibile. Ciò significa che puoi calcolare un tasso d'inflazione all'anno, sapendolo, piuttosto che essere ai capricci di un governo centrale.

In qualsiasi momento

Puoi effettuare transazioni in qualsiasi momento, invece di dover attendere gli orari di apertura / operatività della banca.

In questo libro ci occuperemo della tematica a fondo cercando di estrapolare ogni concetto e dubbio nel miglior modo possibile. Vi auguriamo una buona lettura!

CAPITOLO 1

L'IMPORTANZA DELLE CRIPTOVALUTE

Le criptovalute sono diventate estremamente popolari per il polverone che hanno innalzato i guadagni potenzialmente enormi, ma la loro volatilità comporta anche il rischio di perdite drammatiche.

Capire le criptovalute

La criptovaluta è una valuta digitale o virtuale progettata per fungere da mezzo di scambio. Il prefisso crittografico deriva dal fatto che le criptovalute utilizzano la crittografia per proteggere e verificare le transazioni, nonché per creare nuove unità monetarie. La crittografia rende facile codificare qualcosa che è sugellata con una chiave e quasi impossibile senza averla, il che significa che le monete possono essere difficili da creare ma le transazioni possono essere facili da verificare.

Fondamentalmente, le criptovalute sono voci in un database immutabile e pseudo-anonimo, noto come blockchain, che nessuno può modificare (tranne in circostanze estreme, quando vengono apportate modifiche dirette). La blockchain è un record pubblico verificato da molti nodi diversi, il che rende estremamente difficile o impossibile la contraffazione delle monete. Rende inoltre facile tracciare qualsiasi transazione specifica tra conti individuali anonimi o portafogli.

Appello globale

Le criptovalute offrono un'alternativa digitale facile da usare alle valute legali. I consumatori degli Stati Uniti o dell'Unione Europea possono vedere le criptovalute come una novità, ma ci sono molti paesi con valute nazionali mal gestite. Ad esempio, il regime autoritario del Venezuela è diventato famigerato per la sua inflazione alle stelle , che ha portato al crollo delle condizioni di vita di milioni di cittadini senza accesso a valute esterne.

Le oscillazioni selvagge di Bitcoin e altre criptovalute possono sembrare rischiose per i consumatori statunitensi, ma i venezuelani potrebbero trovare tollerabili le oscillazioni quando la loro valuta domestica è stata in forte calo per diversi anni senza segni di cedimento. In altre parole, molti consumatori globali possono vedere le criptovalute come una copertura contro l'inflazione poiché il numero di monete di criptovaluta in circolazione è matematicamente limitato nel tempo.

Altri paesi hanno rigorosi controlli sui capitali per controllare il flusso di denaro e / o imporre tasse elevate. Le criptovalute possono essere utilizzate per aggirare questi controlli sui capitali e tasse, legali o meno, che hanno portato a un aumento della domanda da parte dei consumatori e delle imprese.

Risposte del governo

Sebbene ci siano alcune organizzazioni che hanno sostenuto la criptovaluta, molte banche centrali rimangono caute data l'estrema volatilità del mercato. Anche le questioni relative all'evasione fiscale e ai controlli sui capitali hanno suscitato preoccupazioni diffuse.

- **Riserva federale degli Stati Uniti:** il presidente della Federal Reserve statunitense Jerome Powell ritiene che le questioni tecniche rimangano e la governance e la gestione del rischio saranno cruciali prima che le criptovalute diventino parte della società tradizionale.

- **Banca centrale europea:** l'ex vicepresidente della Banca centrale europea Vitor Constancio ha definito il Bitcoin un "tulipano" in riferimento alla bolla del 17° secolo nei Paesi Bassi e molti altri governatori hanno espresso lo stesso scetticismo.

Il governo venezuelano, di fronte a restrizioni di capitale proprie, ha lanciato la propria criptovaluta nel 2018, chiamata petro, che è presumibilmente sostenuta da barili di petrolio greggio. Mentre fonti ufficiali indicano che il paese ha raccolto miliardi di dollari, molti analisti sono scettici su queste cifre e gli Stati Uniti hanno bandito i cittadini statunitensi dall'acquisto della criptovaluta.

A partire dal 2020, il petro sta ancora lottando per diventare una valuta veramente funzionante.

Impatto sugli investimenti globali

Le criptovalute hanno molti vantaggi quando si tratta di transazioni senza attrito e controllo dell'inflazione, ma molti investitori aggiungono queste valute come attività ai loro portafogli diversificati. In particolare, la natura non correlata del mercato rende le criptovalute una potenziale copertura contro il rischio, simile ai metalli preziosi come l'oro. Molti prodotti negoziati in borsa di criptovaluta (ETF ed ETN) sono nati proprio per questo motivo.

D'altra parte, alcuni esperti temono che un crollo della criptovaluta possa avere un impatto negativo sul mercato più ampio, simile a come i titoli garantiti da ipoteca hanno innescato una più ampia crisi finanziaria globale. Vale la pena notare, tuttavia, che la capitalizzazione di mercato totale di tutte le criptovalute è inferiore a quella di molte società pubbliche, come Microsoft Corp., il che significa che potrebbe non avere un impatto significativo sui mercati globali.

Alla fine, molti investitori vedono le criptovalute come un veicolo di speculazione o una copertura contro l'inflazione, ma le dimensioni del mercato non rappresentano un rischio sistemico, a partire dal 2021.

Come forse saprai, la tecnologia blockchain mira a trasformare l'attuale sistema finanziario ed escludere i mediatori, e questi fatti non possono passare inosservati ai governi.

All'inizio, la criptovaluta sembrava essere uno schema dubbio, e ora molti giganti finanziari dimostrano che la blockchain può essere utilizzata con successo nel sistema bancario.

Quando Satoshi Nakamoto presentava il Bitcoin, il suo concetto era di presentarlo come valuta virtuale, ma in realtà, vediamo che le persone non misurano denaro e beni in criptovaluta: il denaro fiat è in circolazione. E anche il Bitcoin viene misurato in BTC.

La differenza tra criptovalute e valute normali:

- investire in criptovalute ha un rischio minimo rispetto ad altre valute;
- la valuta elettronica non ha un proprietario definito e la moneta ordinaria si riferisce alla situazione politica ed economica del paese;
- l'elemento principale della criptovaluta è la domanda;

- le funzioni della moneta ordinaria sono assegnate alle monete digitali, mentre le singole caratteristiche sono caratteristiche solo delle criptovalute.

Queste caratteristiche includono:

- pagabilità ;
- depositi;
- crescita dell'unità monetaria;
- scambio di merci ;
- scambi decentralizzati.

Molti esperti finanziari discutono i motivi per cui le criptovalute non possono agire come i dollari, ad esempio.

Il primo motivo è il completo decentramento: l'assenza dell'istituzione che regola e protegge il costo del denaro.

Il motivo successivo è la volatilità: le elevate fluttuazioni dei prezzi delle criptovalute ne impediscono l'utilizzo per i pagamenti. Sebbene, ad esempio, Microsoft accetti BTC per pagare i contenuti Xbox e nell'archivio di Windows, anche con la volatilità. Inoltre, è noto che il bitcoin viene spesso utilizzato per pagamenti transfrontalieri tra controparti di paesi diversi. Ad esempio, nel commercio internazionale o per pagare i dipendenti a distanza.

Le criptovalute influenzano la vita economica, politica, culturale e sociale dell'umanità. Il denaro digitale non sta diventando un sostituto della valuta reale, ma può diventare uno stimolo per la formazione di un nuovo sistema valutario. Attualmente, in assenza di normative e garanzie a tutela degli acquirenti di bitcoin, c'è il rischio che sul mercato compaiano persone senza scrupoli. In precedenza, i governi volevano vietare o limitare l'uso delle criptovalute, ma ora molti paesi sono positivamente disposti verso la nuova tecnologia. Il denaro elettronico può essere trasferito in qualsiasi parte del mondo praticamente senza alcun costo e può essere scambiato con l'aiuto di segnali crittografici.

Pertanto, il rischio per le criptovalute è che lo stato non conduca una politica dei tassi di interesse indipendente. L'economia mondiale cambierà e le valute andranno al risparmio elettronico. Il numero di investitori cresce ogni giorno e, di conseguenza, le risorse elettroniche saranno valutate molto di più di quanto non lo siano ora.

In generale, il mercato delle criptovalute è in forte crescita, compaiono nuove aziende e progetti infrastrutturali. E il fatto che le istituzioni legali e i servizi di sviluppo software stiano cercando di valutare l'impatto del bitcoin e di altre valute digitali sullo sviluppo dell'economia è un segnale positivo. Ciò dimostra ancora una volta che le criptovalute sono un concetto multiforme e la relazione derivante dal loro utilizzo può essere interpretata in modi diversi, e nessun regolatore è ancora giunto a un consenso su questo tema.

CAPITOLO 2

BITCOIN - UN SIMBOLO DI PROSPERITÀ

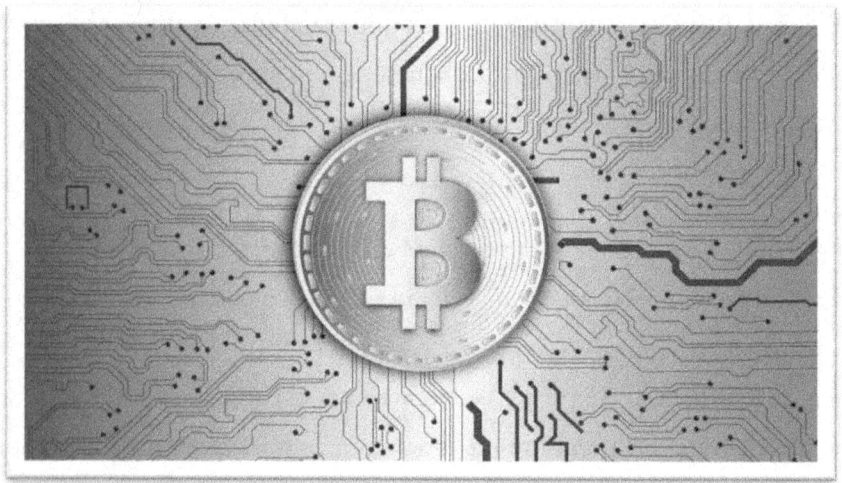

Era l'estate del 2012, quando nelle applicazioni e nelle notizie veniva menzionata "la moneta digitale", Bitcoin.

- Cos'è il Bitcoin?

- Dove lo compriamo?

- Sarà redditizio investire?

- Cos'è la Blockchain?

- Cos'è uno scambio?

Sarebbero passati fino a cinque anni dopo, quando abbiamo iniziato a rispondere a tali domande, così come a molte nuove domande che sono sorte lungo la strada e ci hanno incoraggiato - finalmente - ad entrare a pieno titolo nel mondo delle criptovalute e per carpirne i segreti.

La prima criptovaluta

BITCOIN ($ BTC) ha avuto origine come software open source, presentato da "Satoshi Nakamoto", alias di un programmatore o gruppo di programmatori la cui motivazione per il suo sviluppo è stata la crisi economica del 2008-2009, in particolare la decisione di stampare denaro per il salvataggio delle banche dopo la crisi del credito e del mercato azionario della bolla immobiliare.

Bitcoin è conosciuta come la prima criptovaluta delle oltre 2.000 esistenti oggi, indipendente da qualsiasi autorità governativa (decentralizzazione), la sua produzione è completamente digitale, soggetta ad un'emissione *limitata a **21 milioni di Bitcoin**.*

Ciò significa che solo lo 0,27% della popolazione mondiale potrebbe avere 1 Bitcoin completo.

Caratteristiche

- **Anonimato relativo:** ogni transazione Bitcoin è memorizzata nella catena di blocchi (Blockchain), un record unico e inamovibile, caratteristiche che garantiscono sia la sicurezza che la disponibilità delle informazioni in ogni momento e per le criptovalute, potrebbe essere considerato il libro contabile in cui tutte le transazioni di risorse digitali vengono registrate. A differenza delle banche, i portafogli di criptovalute non sono legati alle nostre informazioni personali.

- **Durabilità:** trattandosi di un bene digitale, non può essere fisicamente danneggiato, alterato o rubato e può essere tenuto online per sempre.

- **Portabilità:** praticamente qualsiasi somma di denaro è facile da trasportare e utilizzare perché è una risorsa digitale, nel tuo portafoglio di criptovalute fisiche o digitali.

- **Sicurezza:** poiché si tratta di una risorsa crittografata, in una rete decentralizzata nessuno può controllarla. Sebbene tutti i nostri fondi siano al sicuro all'interno della Blockchain, una raccomandazione cruciale è che tutte le tue password, codici di accesso e " *passphrase* " (sequenza di parole di sicurezza) siano archiviate fisicamente in un luogo sicuro per ridurre il rischio di perderle in un attacco informatico.

Bitcoin per tutto il 2020/2021

Senza dubbio, siamo stati tutti esposti a più notizie e pubblicazioni su Bitcoin sui social network , probabilmente più persone all'interno della tua cerchia di amici, così come alcuni tuoi parenti si sono uniti al mondo delle risorse digitali.

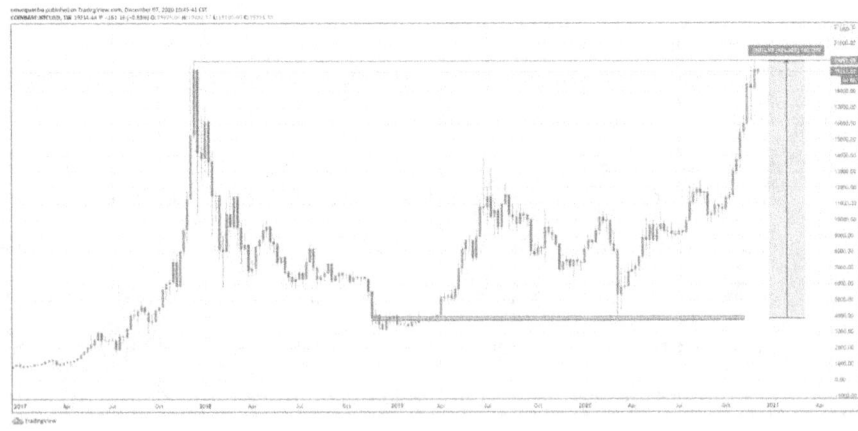

La strada per il record di tutti i tempi:

- Il grafico del prezzo del Bitcoin mostra la caduta del supporto chiave, generato a novembre 2018 e superato ad aprile 2019. Raggiungendo un massimo di 9.214,67 $ (dollari) e un minimo di 3.858 $ e chiudendo il mese a **6.424,35 $**. Nel novembre 2020, il prezzo di Bitcoin non solo ha raggiunto, ma ha superato il prezzo più alto di tutti i tempi (***ATH*** - " *massimo storico* "), raggiungendo **$ 19.915,14** su Coinbase, una piattaforma di scambio di cripto-asset; che rappresenta una crescita del **415,60%** rispetto al prezzo più basso di $ 3,858 di marzo.

Con il trend rialzista iniziato ad aprile, salito di oltre **14mila dollari** a fine novembre (+ **263,25%**), ha attirato l'attenzione di sempre più persone, oltre che istituzioni. Oltre alla volatilità del criptoattivo, l'impatto dell'attuale contingenza sanitaria che ha costretto le persone a scambiare i propri Bitcoin con contanti genererebbe un calo del 51,82%, solo nel mese di marzo, portando il prezzo da $ 8.024,38 usd a $ 3.866,11 usd. Ad ottobre, PayPal ha annunciato che offrirà pagamenti in criptovalute dal 2021 e avrà un portafoglio (***Crypto Wallet***) che consentirà agli utenti di acquistare, vendere e possedere criptovalute tramite le applicazioni PayPal, con supporto per le criptovalute. ad esempio come Bitcoin ($ BTC), Ethereum ($ ETH), Bitcoin Cash ($ BCH), e litecoin ($ LTC). Il 17 novembre, Ricardo Salinas rivela in un post su Twitter di avere un portafoglio liquido del 10% in Bitcoin. Vale la pena ricordare che, secondo il Bloomberg Billionaires Index, ha una fortuna di 11,8 miliardi di dollari grazie ai suoi interessi nel commercio al dettaglio, nelle banche e nei media. Il Bitcoin viene scambiato attualmente a oltre $ 60.000 (i nostri 50,000 euro circa)! Ma la storia di Bitcoin ha molto più che semplici oscillazioni dei prezzi che catturano i titoli. Incorpora tecnologia, valuta, matematica, economia e dinamiche sociali. È poliedrico, altamente tecnico e ancora molto in evoluzione.

Un rapido retroscena

Bitcoin è stato inventato nel 2009 da una persona (o gruppo) che si faceva chiamare Satoshi Nakamoto. Il suo obiettivo dichiarato era quello di creare "un nuovo sistema di cassa elettronica" che fosse "completamente decentralizzato senza server o autorità centrale". Dopo aver coltivato il concetto e la tecnologia, nel 2011, Nakamoto ha ceduto il codice sorgente e i domini ad altri membri della comunità bitcoin e successivamente è svanito.

Cos'è il bitcoin?

In poche parole, il bitcoin è una valuta digitale. Niente banconote da stampare o monete da coniare. È decentralizzato: non c'è governo, istituzione (come una banca) o altra autorità che lo controlli. Bitcoin ha reso Satoshi Nakamoto un ultra miliardario, almeno sulla carta. Ha coniato molti milionari tra i pionieri tecnologici, gli investitori e i primi minatori di bitcoin. I gemelli Winklevoss, che hanno sfruttato un pagamento di 65 milioni di dollari su Facebook in un fondo di capitale di rischio che ha fatto i primi investimenti in bitcoin, sono ora miliardari secondo Fortune.

Come posso acquistare bitcoin?

Se sei disposto ad assumerti il rischio associato al possesso di bitcoin, c'è un numero crescente di scambi di valute digitali come Coinmama, CEX, Kraken e Coinbase - i più grandi e consolidati - dove puoi acquistare, vendere e conservare bitcoin. Iniziare è complicato quanto creare un account Paypal. Con Coinbase, ad esempio, puoi utilizzare la tua banca (o conto Paypal) per effettuare un deposito in un portafoglio virtuale, di cui ce ne sono tanti tra cui scegliere. Una volta che il tuo account è stato finanziato, che di solito richiede alcuni giorni, puoi quindi scambiare la valuta tradizionale con bitcoin.

Cosa posso fare con bitcoin?

Puoi usare bitcoin per acquistare cose da più di 100.000 commercianti, anche se ancora pochi tra i principali. Puoi venderlo. Oppure puoi semplicemente aspettare. Nota che non ci sono commissioni di transazione intrinseche con bitcoin, sebbene gli scambi come Coinbase in genere addebitino una commissione quando acquisti o vendi.

Tutto questo è legale?

Risposta breve e qualificata: sì, per ora, a patto che - come qualsiasi valuta - non ci faccia cose illegali.

Quali sono i rischi?

Le transazioni Bitcoin non possono essere ricondotte a individui: sono protette ma anche oscurate attraverso l'uso di chiavi di crittografia pubbliche e private, come accennato prima . Questo anonimato può essere allettante, soprattutto con le aziende e gli operatori di marketing che monitorano sempre più ogni nostro acquisto, ma presenta anche degli svantaggi. Non puoi mai essere certo di chi ti vende bitcoin o di chi li compra da te. Le opportunità per il riciclaggio di denaro abbondano; nel 2016, le autorità dei Paesi Bassi hanno arrestato 10 uomini proprio per questo.

Anche il furto è un rischio. Il subreddit bitcoin è pieno di storie di individui e persino gli scambi consolidati sono obiettivi. Mt. Gox, con sede in Giappone, ha "perso" 750.000 bitcoin dei suoi clienti nel 2014 e gli hacker hanno prelevato $ 60 milioni da NiceHash nel dicembre 2017. Ci sono poche strade per ottenere rimborsi, contestare una transazione o recuperare tali perdite. Una volta che una transazione raggiunge la blockchain, è definitiva.

Poiché il bitcoin è così nuovo e decentralizzato, c'è molta oscurità e molte incognite. Anche le regole tecniche per l'estrazione mineraria sono ancora in evoluzione e sono oggetto di dibattito.

L'IRS considera i bitcoin come proprietà, non come valuta.

Approfondiamo quindi questo campo affascinante nei prossimi capitoli.

CAPITOLO 3

ALTRE CRIPTO: ETHEREUM, DOGECOIN, RIPPLE

Secondo CoinMarketCap, il **numero totale di criptovalute è 7.812** con una capitalizzazione di mercato totale di 324,716 miliardi di euro (al 20 gennaio **2021)**. Coinlore offre un conteggio diverso, elencando un totale di 6241 criptovalute. Sembra che ci siano più di 4.928 criptovalute sul mercato.

Le criptovalute hanno preso d'assalto l'intero mondo finanziario e se vuoi comprare o scambiare criptovalute ci sono molte strade per perseguire il trading di criptovalute. Ogni volta che viene menzionato il termine "criptovaluta", molti lo associano a libertà e opportunità finanziarie. Grandi innovatori e creatori si sono riversati nello spazio per unirsi alla rivoluzione del dissesto finanziario. Tuttavia, con così tanti progressi tecnologici e innovazioni come la possibilità di acquistare Bitcoin con Paypal che si svolgono in questo spazio, i progetti e le aziende crittografici aumentano ogni giorno che passa.

C'è stato un tempo in cui si potevano contare i tipi e il numero di criptovalute da un lato. Ma oggi non è più possibile. Il mercato delle criptovalute è cresciuto rapidamente negli ultimi cinque anni. Con tutte queste criptovalute, IEO, ICO, STO, monete, truffe, token, società blockchain e fork, diventa piuttosto difficile dare un senso al mondo delle criptovalute.

La maggior parte di queste criptovalute è collegata a progetti che sono stati abbandonati, falliti o finiti per essere truffe di uscita. Non tutti questi progetti crittografici dureranno per sempre. Alcuni sono creati come uno scherzo o un test e presto svaniscono nell'oblio.

Fonti diverse utilizzano metodi di elenco diversi per elencare le criptovalute, che risultano in numeri diversi.

Una tendenza in crescita

Dopo dieci anni di esistenza, è giusto dire che la criptovaluta è un mega trend in crescita con potenzialità e opportunità illimitate. Inizialmente, molti oppositori credevano che questa invenzione fintech non sarebbe sopravvissuta a lungo. Ma queste domande sono cambiate notevolmente. Ora sono state sostituite con le domande sulla portata dell'evoluzione di questo settore.

Alcuni scettici del settore hanno sollevato problemi sul potere della nuova valuta di ribaltare il panorama finanziario così come esiste attualmente. Volatilità, decentralizzazione e potenziale riciclaggio di denaro sono alcune delle questioni di cui sono preoccupati gli scettici.

Sebbene molte istituzioni, governi e organizzazioni 'abbiano vietato' l'uso della valuta digitale, la sua rapida crescita e l'adozione di massa da parte delle principali aziende globali hanno portato alla sua ascesa nell'attuale società fiscale. Facebook, JPMorgan, Microsoft, Shopify e Tesla stanno facendo progressi nel settore.

Principali tipi di criptovalute

La blockchain ha riunito tre tipi principali di criptovaluta. Il Bitcoin è stata la prima blockchain mai creata e, successivamente, sono state sviluppate molte altre; questi sono conosciuti come altcoin. Litecoin, Ethereum, NEO e Cardano sono esempi concreti di queste altcoin.

L'ultimo tipo di gruppo di criptovaluta principale sono i token / dApp. Questi includono principalmente Civic (CVC), BitDegree (BDG) e WePower (WPR). Pertanto, tutte le criptovalute attualmente disponibili molto probabilmente rientrano in uno di questi gruppi.

È possibile conoscere il numero esatto di criptovalute?

Qualsiasi sviluppatore può entrare in questo spazio e creare la propria criptovaluta oggi. Potrebbe non essere elencato su alcun sito o risorsa di classificazione, potrebbe non essere registrato, ma esisterebbe. Molti chiedono; quante criptovalute ci sono? Non esiste una risposta definitiva a questa domanda poiché **potrebbero esserci decine di migliaia di criptovalute sconosciute là fuori nel mondo.**

Attualmente, è piuttosto difficile determinare cosa comporta ogni criptovaluta che sia mai stata creata. Quindi, gli analisti cercano un numero particolare di fattori di riscatto per classificare e qualificare le criptovalute e contarle nel totale. A questo proposito, la capitalizzazione di mercato e il volume degli scambi sono considerati altamente interessanti. Molti trader, commentatori e analisti considerano credibili i numeri inferiori riportati da CoinMarketCap e investing.com poiché implementano rigorosi processi di revisione. Tuttavia, alcuni dei token di volume inferiore in queste risorse sono progetti abbandonati che sono ancora elencati e talvolta vengono persino scambiati. Quindi, il numero esatto di criptovalute legittime nel mercato continua a cambiare su base giornaliera.

Criptovalute maggiori e minori

Attualmente, 97 criptovalute hanno una capitalizzazione di mercato di almeno 100 milioni di euro. Tuttavia, quel numero continua a fluttuare mentre le tendenze del mercato continuano a cambiare. Tra questi, molti dei primi 30 hanno casi d'uso del mondo reale che continuano a spingere il loro valore verso l'alto.

D'altra parte, quasi 5.700 delle criptovalute esistenti hanno una capitalizzazione di mercato inferiore a 10.000.000 di euro. Le criptovalute che risiedono in cima alla lista in base alla capitalizzazione di mercato attirano la più grande speculazione e le notizie sensazionaliste. A causa della natura volatile delle criptovalute, l'elenco dei primi 30 cambia frequentemente ad eccezione dei primi 4 per ora, che includono Bitcoin, Ethereum, Tether stablecoin e XRP di Ripple.

Quali progetti crittografici sono fattibili?

La stima del numero di progetti crittografici attuabili è un compito arduo. Non è possibile leggere tutti i white paper e studiare più di 6.000 progetti in un lasso di tempo ragionevole. La metrica migliore da utilizzare è il volume di 24 ore. Poiché i prezzi delle criptovalute indicano solo il prezzo pagato più di recente, un piccolo progetto può aumentare il loro numero.

Alcuni commentatori consigliano agli investitori di scegliere progetti con un volume di scambi di 24 ore superiore a 10.000.000 di euro. A meno che non si sia un day trader, è consigliabile leggere il white paper e ricercare il marchio. Inoltre, guardare alla comunità e ai sentimenti è essenziale per prendere decisioni informate.

Vediamo le più importanti:

ETHEREUM

Ethereum è una piattaforma digitale che adotta la tecnologia blockchain stabilita da bitcoin e ne espande l'utilizzo per accogliere un'ampia varietà di altre applicazioni. Non deve essere confuso con l'ether - la criptovaluta alla base della rete - che viene spesso definita ethereum.

La piattaforma Ethereum è stata creata nel 2015 dal programmatore di Toronto Vitalik Buterin, con l'obiettivo di creare un veicolo per applicazioni decentralizzate e collaborative. Ether (ETH) è un token che può essere utilizzato nelle transazioni che utilizzano questo software. Come il bitcoin, l'ether esiste come parte di un sistema finanziario peer-to-peer autonomo, libero dalla supervisione e dall'intervento del governo. E come il bitcoin, l'etere ha visto il suo valore salire alle stelle in un breve lasso di tempo.

Nel gennaio 2016, l'ether veniva scambiato a circa $ 1. A settembre 2017, questo prezzo era superiore a $ 290, sebbene questo valore si sia rivelato volatile, con frequenti oscillazioni intraday. Quindi, sebbene ether sia solo una delle centinaia di criptovalute, è anche una delle poche con una significativa capitalizzazione di mercato, inclusi i suoi due maggiori rivali, bitcoin e bitcoin cash.

Come funziona?

Ether, come altre criptovalute, utilizza un registro digitale condiviso in cui vengono registrate tutte le transazioni Ether. È pubblicamente accessibile, completamente trasparente e molto difficile da modificare retroattivamente.

Questo è noto come **blockchain** e viene creato attraverso il processo di **mining**.

I minatori sono responsabili della verifica dei cluster di transazioni etere per formare "blocchi" e della loro protezione crittografica risolvendo algoritmi complessi. Questi algoritmi possono a loro volta essere resi più o meno difficili, in modo da mantenere il tempo di elaborazione dei blocchi più o meno costante, circa uno ogni 14 secondi.

I nuovi blocchi vengono quindi collegati alla catena dei blocchi precedenti e il minatore in questione si guadagna una " **ricompensa di blocco** ", ovvero un determinato numero di gettoni etere. Attualmente è pari a 5 unità etere, sebbene tale cifra possa essere ridotta man mano che la criptovaluta continua a crescere.

Il miner consolida le recenti transazioni di criptovaluta in un "blocco".

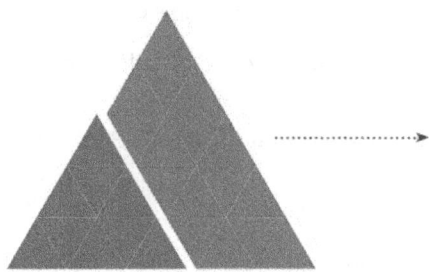

Il blocco è protetto crittograficamente e collegato alla blockchain esistente.

Il minatore guadagna una ricompensa in blocco, che può iniettare direttamente nel mercato.

Come funziona Ethereum?

La blockchain di Ethereum è molto simile a quella del bitcoin, ma il suo linguaggio di programmazione consente agli sviluppatori di scrivere software attraverso il quale le transazioni blockchain gestiscono e automatizzano risultati specifici. Questo software è noto come **contratto intelligente.**

Se un contratto tradizionale delinea i termini di una relazione, un contratto intelligente garantisce che tali termini siano rispettati scrivendolo in codice. È un software che esegue automaticamente l'accordo non appena vengono soddisfatte le condizioni predefinite, eliminando i ritardi e le spese coinvolti nel completamento manuale di un affare.

Per fare un semplice esempio, un utente Ethereum potrebbe creare un contratto intelligente per inviare una certa quantità di ether a un amico in una certa data. Scriverebbero questo codice nella blockchain e non appena il contratto è completo, cioè arriva la data concordata, l'ether verrebbe automaticamente rilasciato all'altra parte. Un numero fisso di parti anonime accetta una serie di termini e un contratto viene codificato nella blockchain.

L'evento scatenante si verifica e il contratto viene adempiuto.

I termini dell'accordo sono eseguiti tra le parti interessate.

Questa idea fondamentale può essere applicata a configurazioni molto più complesse e il suo potenziale è probabilmente illimitato, con progetti già in corso nei settori assicurativo, immobiliare, servizi finanziari, legale e crowdfunding.

I contratti intelligenti vantano anche una serie di vantaggi aggiuntivi:

- Eliminano gli intermediari, dando all'utente il controllo completo e riducono al minimo i costi aggiuntivi
- Sono registrati, crittografati e duplicati sulla blockchain pubblica, dove tutti i partecipanti possono vedere l'attività di mercato
- Eliminano il tempo e lo sforzo necessari per elaborare manualmente i documenti

Ovviamente, i contratti intelligenti sono ancora un sistema completamente nuovo con una serie di pieghe da appianare. Il codice viene tradotto letteralmente e qualsiasi errore quando viene creato il contratto intelligente può portare a risultati imprevisti che non possono essere annullati.

Dapps vs contratti intelligenti

I contratti intelligenti condividono somiglianze con applicazioni decentralizzate o **dapps** (a volte scritte 'DApps'), ma ci sono alcune differenze chiave.

Come un contratto intelligente, un dapp è un'interfaccia che collega un utente al servizio di un provider tramite una rete peer-to-peer decentralizzata. Ma laddove i contratti intelligenti richiedono un numero fisso di parti per essere coinvolte in questa relazione, le dapps non hanno limiti su quante possono partecipare in un dato momento. Inoltre, non sono limitati a usi puramente finanziari come lo sono i contratti intelligenti: un dapp può essenzialmente avere qualsiasi scopo che venga in mente.

DOGECOIN

Il Bitcoin potrebbe essere la criptovaluta più famosa (e preziosa), ma come abbiamo detto, ci sono moltissime criptovalute da considerare. Stiamo parlando di Dogecoin, che è aumentato di valore di un incredibile 6.000% dall'inizio dell'anno. Ecco cosa devi sapere su Dogecoin:

- **Cos'è Dogecoin?** È una criptovaluta come il bitcoin. È stato inventato nel 2013 da una coppia d'ingegneri del software che hanno lavorato per IBM e Adobe. È scambiato con il ticker di criptovaluta DOGE.

- **"Dogecoin" è un nome strano, non è vero?** Sì. Il suo nome è stato preso dal meme "Doge". Il meme è una foto di un cane Shiba Inu con testo multicolore in inglese. Il testo rappresenta il monologo interiore del cane.

- **Che aspetto ha un Dogecoin?** Come ogni criptovaluta, la sua vera forma è solo una stringa di caratteri digitali sulla blockchain. Ma un Dogecoin viene spesso visualizzato come una moneta d'oro con sopra il cane del meme Doge.

- **In che modo Dogecoin è diverso dal bitcoin?** Oltre alla sua differenza di valutazione, la differenza principale tra le due criptovalute è che il bitcoin ha una quantità finita di monete sulla blockchain mentre Dogecoin estrae nuove monete ogni anno.

- **Quanti Dogecoin esistono?** In questo momento ci sono circa 129 miliardi di Dogecoin e ogni anno verranno creati poco più di 5 miliardi di nuovi Dogecoin.

- **Quanto vale Dogecoin?** Al momento della stesura di questo libro, un Dogecoin vale circa 0,224 euro (quel prezzo potrebbe cambiare rapidamente). Ciò conferisce a Dogecoin una capitalizzazione di mercato attuale di poco più di 52 miliardi di euro. Questo è paragonato al prezzo di bitcoin di oltre 50.000 per moneta e alla capitalizzazione di mercato di 1 trilione.

- **Perché Dogecoin sta crescendo quest'anno?** È difficile rispondere. Ma in generale, le criptovalute stanno diventando più popolari tra gli investitori "quotidiani" e questa marea crescente sta sollevando moltissime opportunità.

- **Dovrei comprare Dogecoin?** Dipende da te e dalla tua soglia di rischio. Dogecoin potrebbe essere in aumento, ma qualsiasi criptovaluta è estremamente volatile. Il prezzo di Dogecoin è raddoppiato in pochissimo tempo, ma potrebbe facilmente perdere altrettanto valore oggi o domani. Oppure potrebbe andare sulla luna. Bisogna sempre valutare gli sbalzi.

La storia di Dogecoin

È iniziato come uno scherzo. Il Bitcoin, la criptovaluta originale, è stata un'impressionante innovazione tecnica che ha permesso a chiunque di scambiare denaro digitale a tariffe basse e senza la necessità di chiedere il permesso a nessuno. Ma il Bitcoin era anche open source, il che significa che tutti potevano copiarlo, e ad un certo punto lo fecero tutti, con cloni come Litecoin e Peercoin che spuntarono ovunque. Dogecoin è la divertente risposta a questa tendenza. Creato nel dicembre 2013 dagli ingegneri del software Billy Markus e Jackson Palmer, è una copia di Bitcoin (più precisamente Litecoin, che a sua volta è abbastanza simile a Bitcoin) che presenta il cane Shiba Inu ed è quasi sempre indicato in un linguaggio sciocco.

Quasi dall'inizio, Dogecoin ha ottenuto un seguito devoto. Ha attirato persone a cui piaceva l'idea delle criptovalute ma che volevano prendere in giro il Bitcoin. Ha attirato persone a cui piacevano i cani. Ha attirato chiunque non fosse particolarmente serio riguardo alle criptovalute, ma volesse comunque partecipare.

Non tutti lo capiscono. Persino il suo co-fondatore Palmer si è lavato le mani di dosso - nel 2018, ha affermato che il prezzo alle stelle di Dogecoin era un segnale che il mercato delle criptovalute era surriscaldato. "Penso che la dice lunga sullo stato dello spazio delle criptovalute in generale che una valuta con un cane su di essa che non ha rilasciato un aggiornamento software in oltre 2 anni ha una capitalizzazione di mercato di questa incredibile sostanza monetaria". Ma Dogecoin ha perseverato. In parte, molto probabilmente, a causa del fatto che non richiede molta gestione attiva e in parte a causa dello spazio crittografico che si sta riprendendo enormemente nel 2021, Dogecoin è diventato più grande di quanto non sia mai stato.

Dogecoin è tecnicamente valido?

Funziona, anche se non è così sicuro o decentralizzato come Bitcoin.

Ma Dogecoin non è mai stato particolarmente innovativo. Certo, ci sono alcune differenze: ha un tempo di blocco più breve di Litecoin. A differenza di Bitcoin, la sua offerta non è limitata: attualmente ci sono 129 miliardi di DOGE esistenti e altri potrebbero essere coniati. Ma la differenza più grande è che Bitcoin e Litecoin sono gestiti attivamente e aggiornati frequentemente per risolvere bug e carenze. Dogecoin viene aggiornato occasionalmente, ma a volte passano anni prima che esca una nuova versione.

Come posso acquistare un Dogecoin?

Dogecoin non è così onnipresente negli scambi crittografici come Bitcoin, ad esempio Coinbase e Gemini non offrono acquisti DOGE. Ma molti scambi importanti, incluso Binance, il più grande scambio al mondo, offrono supporto per Dogecoin. Una volta acquistato DOGE su uno scambio, è simile a possedere qualsiasi altra criptovaluta: puoi tenere le tue monete sullo scambio o trasferirle sul tuo software di portafoglio: un portafoglio ufficiale è offerto sul sito web del progetto, dogecoin.com.

Un Dogecoin raggiungerà 1 euro?

Ah, quindi hai visto il prezzo salire alle stelle e pensi che possa essere un buon investimento? Aspetta un secondo prima di fare il grande passo.

Sebbene Dogecoin abbia una base di fan enorme e il supporto di una delle persone più ricche del mondo, non si può negare che il progetto non sia tecnicamente interessante come altre importanti criptovalute come Bitcoin ed Ethereum.

Consideralo come un'azione di un'azienda che produce quasi nulla e consiste di pochi divani in un ufficio vuoto, ma che ha un logo davvero fantastico - e le persone, per qualche motivo, lo adorano davvero. Il prezzo delle azioni potrebbe salire? Sicuro. Ma potrebbe anche scendere, fino a zero, perché no?

Tutto si riduce a questo: se sei un professionista o almeno un trader molto esperto e sai cosa stai facendo, potresti guadagnare facendo trading con DOGE. Ma se non lo sei, allora stai solo giocando e non dovresti mai giocare con soldi che non puoi permetterti di perdere. Vedremo come muoverci oculatamente in questo incredibile mondo.

RIPPLE

Ripple è sia una piattaforma utilizzata per il trasferimento peer-to-peer di valute (RippleNet), sia una valuta digitale (ripple XRP). La piattaforma stessa è un protocollo open source, progettato per consentire transazioni veloci ed economiche tra due parti. Qualsiasi tipo di valuta può essere scambiata sulla piattaforma, dalle valute legali come la sterlina, alle criptovalute.

Anche il token ripple (XRP) può essere utilizzato sulla piattaforma ed è intercambiabile con qualsiasi valuta o risorsa digitale. Tuttavia, l'uso di XRP è indipendente dalla rete di ripple. Una parte in realtà non ha bisogno di XRP per trasferire valute. Pertanto, il valore di ripple non è nel token XRP, ma nella rete stessa e nella sua capacità di trasferire rapidamente risorse in tutto il mondo. La rete opera come un concorrente dei sistemi di pagamento esistenti, come Swift. Può facilitare una varietà di trasferimenti attraverso RippleNet, piuttosto che fungere da sostituto per i metodi di pagamento esistenti o un concorrente diretto per le valute legali, come mirano a fare altre criptovalute come bitcoin. L'idea è stata presa in considerazione per la prima volta nel 2004, ma è stato solo nel 2013 che ha raccolto più trazione. Jed McCaleb (un noto programmatore e imprenditore e uno dei co-fondatori di ripple) ha invitato un gruppo di investitori a investire nella rete. Chris Larsen era uno di questi angel investor ed è considerato una delle persone più ricche coinvolte nelle criptovalute.

A cosa serve?

Le banche e gli individui possono utilizzare il software Ripple per scambiare risorse. Attualmente, questo viene fatto utilizzando Swift, un sistema che si basa su banche che hanno conti separati in tutti i paesi in cui operano. Ripple offre un'alternativa con alcuni vantaggi. Ad esempio, potrebbe offrire un cambio di valuta a bassa commissione. Al momento, ci sono molte valute che non possono essere convertite direttamente in un'altra, quindi le banche devono utilizzare i dollari statunitensi come mediatore. Ciò si traduce in una doppia commissione. Ripple potrebbe anche essere utilizzato come valuta mediatore, ma è molto più economico del dollaro. Offre anche transazioni internazionali molto più veloci rispetto ad altre alternative simili. Il tempo medio di transazione sulla piattaforma ripple è di quattro secondi, rispetto a circa 10 minuti per bitcoin, o fino a pochi giorni per i sistemi bancari tradizionali. Xcurrent è il servizio esistente di ripple, che offre un'alternativa a quello che molti vedono come l'arcaico sistema di messaggistica di Swift. Xcurrent si rivolge specificamente a banche e altri istituti finanziari per offrire una soluzione più rapida ed efficiente ai pagamenti transfrontalieri. Una recente innovazione costantemente collegata a vari istituti finanziari e società di servizi è Xrapid. Il prezzo di Ripple è aumentato notevolmente alla fine di settembre 2018, a seguito di voci di collegamenti a questo nuovo servizio. Xrapid funziona consentendo ai fornitori di servizi di pagamento e alle banche di collegare diverse valute in tutto il mondo utilizzando XRP come risorsa ponte, elaborando così le transazioni transfrontaliere più velocemente che mai.

Come scambiare ripple

Quando acquisti ripple su una borsa, il prezzo di un token XRP viene solitamente quotato rispetto al dollaro USA (USD). In altre parole, stai vendendo USD per acquistare ripple. Se il prezzo del ripple aumenta, potrai venderlo con un profitto, perché ora vale più USD di quando lo hai acquistato. Se il prezzo scende e decidi di vendere, subirai una perdita.

Con CMC Markets, scambi il ripple tramite una scommessa spread o un conto CFD. Ciò ti consente di speculare sui suoi movimenti di prezzo senza possedere la vera criptovaluta. Non stai assumendo la proprietà di Ripple. Invece, stai aprendo una posizione che aumenterà o diminuirà di valore a seconda del movimento del prezzo di ripple rispetto al dollaro.

Le scommesse con spread e i CFD sono prodotti a leva. Non dovrai vincolare tutto il tuo capitale in una volta sola acquistando Ripple a titolo definitivo, ma puoi invece utilizzare un deposito iniziale per ottenere un'esposizione a importi maggiori.

Qual è la differenza tra ripple e bitcoin?

Esistono molte differenze tra ripple e bitcoin, tra cui:

- **Tecnologia:** bitcoin si basa sulla tecnologia blockchain, in cui viene registrato un record pubblico di transazioni verificate. Ripple d'altra parte, non utilizza la tecnologia blockchain, ma utilizza invece la propria tecnologia nota come algoritmo di consenso del protocollo di ripple (RPCA).

- **Mining:** i miner vengono utilizzati per verificare le transazioni bitcoin e anche per emettere nuovi bitcoin nella rete.

- **Tempi di transazione:** comparativamente, bitcoin ha solo una velocità di transazione da tre a sei transazioni al secondo.

- **Fornitura:** il Bitcoin ha una fornitura totale di 21 milioni di monete, mentre Ripple ha 100 miliardi di gettoni preminati.

Ripple utilizza la tecnologia blockchain?

Ripple, a differenza del bitcoin, non utilizza la tecnologia blockchain. Le transazioni Bitcoin vengono convalidate dai miner e quindi aggiunte alla blockchain esistente. La parola "consenso" nel nome si riferisce al fatto che se ogni nodo è in accordo con il resto, verrà convalidato.

Perché fare trading sul ripple con CMC Markets?

Apri una posizione lunga o corta *

Le scommesse spread e i CFD ti consentono di fare trading su prezzi sia in aumento che in calo. Non devi possedere Ripple per venderlo (vai corto), cosa che non è possibile negli scambi di criptovaluta.

Uso efficiente del capitale

Fare trading con leva significa depositare solo una piccola percentuale dell'intero valore di un'operazione per aprire una posizione. Con gli scambi di criptovaluta tradizionali dovresti depositare l'intero valore del contratto.

Quali fattori influenzano il prezzo di ripple?

Il prezzo di Ripple è determinato da fattori come:

- **Regolamento:** molte criptovalute attualmente non sono regolamentate da governi e banche centrali. Se questo cambia nei prossimi anni, ciò potrebbe avere un impatto sul valore del ripple.

- **Tecnologia:** la tecnologia alla base di ripple come piattaforma per le transazioni internazionali è ciò che la rende diversa dalle altre criptovalute. Diverse grandi banche hanno annunciato di testare la tecnologia di ripple e questo potrebbe influire sul suo prezzo in futuro.

- **Stampa:** è probabile che l'interesse positivo dei media e la copertura della tecnologia di ripple abbiano un effetto positivo correlato sul suo valore.

CAPITOLO 4

UTILITÀ TOKEN: COSA SONO?

Un token di utilità è definito come la seguente descrizione:

"un token digitale di criptovaluta che viene emesso per finanziare lo sviluppo della criptovaluta e che può essere successivamente utilizzato per acquistare un bene o un servizio offerto dall'emittente della criptovaluta"

In termini semplici, un token di utilità è un asset basato su blockchain che le persone acquistano con l'intenzione di utilizzarlo per qualcosa in futuro. Ad esempio, un'azienda che sviluppa un gioco online potrebbe emettere gettoni di utilità per finanziare lo sviluppo del gioco. Una volta terminato lo sviluppo del gioco, i proprietari dei token potrebbero quindi utilizzare i token per gli acquisti in-game. Gli sviluppatori del gioco ottengono l'accesso al capitale per finanziare il loro progetto e i giocatori accedono ai token di gioco per un uso futuro. Tuttavia, i token di utilità non si limitano al semplice acquisto di oggetti in un ambiente virtuale. Sono un mezzo versatile e potente con una vasta gamma di usi, alcuni dei quali li esploreremo in questo capitolo.

In primo luogo, cos'è un token? Un token è un mezzo di scambio per dare valore a una transazione. I token hanno valore ed esistono su una blockchain. Sebbene i token abbiano un valore, è lo scopo previsto del token che definisce se si tratta di un token di utilità o meno. I token di utilità vengono spesso confusi con i token di sicurezza in cui lo scopo previsto non è chiaro. Un token di sicurezza viene acquistato da qualcuno come investimento. L'acquirente del token di sicurezza lo fa con l'aspettativa di profitto. Affinché il valore di un token di sicurezza aumenti, l'investitore si affida a una terza parte. Per un token di sicurezza che rappresenta un immobile, ad esempio, il promotore immobiliare dovrebbe aumentare il valore dell'investimento per il detentore del token.

A differenza di un token di sicurezza, i token di utilità **non** vengono acquistati con l'intenzione di un ritorno sull'investimento. Sono semplicemente acquistati per essere utilizzati piuttosto che vedere un apprezzamento del valore. I token di utilità hanno funzionalità integrate nel loro nucleo. Per questo motivo, esiste un ampio spettro di casi d'uso per i token di utilità. Un token di utilità può fare molte cose diverse e ha molte applicazioni diverse.

PERCHÉ I TOKEN DI UTILITÀ SONO RILEVANTI NEL 2021

I token di utilità sono rilevanti perché hanno molti casi d'uso diversi e potenti. Questo li rende utili e preziosi. L'utilizzo e il valore di un utility token si basa su tre pilastri. I tre pilastri di un utility token sono il suo ruolo, le sue caratteristiche e il suo scopo. Ci sono sei ruoli unici che i gettoni utilità possono svolgere. A seconda dei ruoli, ogni token avrà caratteristiche e scopi diversi. I sei ruoli sono i seguenti:

1. **Concedere** un diritto al proprietario del token, come il diritto di possedere o utilizzare un prodotto o il diritto di voto su un argomento.

2. **Scambio di** valore per i servizi forniti, come l'archiviazione decentralizzata.

3. **Pedaggio** utenti per l'accesso all'infrastruttura blockchain o per l'utilizzo di servizi decentralizzati.

4. **Funziona** come un modo per migliorare l'esperienza dell'utente, premiando gli utenti con gettoni per fare determinate cose.

5. Agire come **valuta** per i pagamenti all'interno o all'esterno della blockchain, in alternativa ai tradizionali pagamenti finanziari.

6. I **guadagni** di determinate cose possono essere distribuiti e condivisi utilizzando i token di utilità.

Questi sei ruoli coprono un'ampia gamma di applicazioni in cui è possibile utilizzare i token di utilità.

I token di utilità sono potenti in quanto hanno molti casi d'uso diversi e possono svolgere molti ruoli. Possono consentire transazioni senza interruzioni su una blockchain, consentire pagamenti per servizi decentralizzati, finanziare sviluppi di progetti e molto altro ancora. I sei ruoli dei token di utilità superano i ruoli limitati di un token di sicurezza, poiché un token di sicurezza è puramente un mezzo di investimento.

QUAL È LA DIFFERENZA TRA UTILITÀ, SICUREZZA E GETTONI DI PAGAMENTO?

Panoramica dei principali modelli di token e analisi delle potenziali implicazioni normative.

Qualche tempo fa, il Cambridge Center for Alternative Finance ha pubblicato un interessante studio che esamina il panorama normativo globale delle criptovalute. Sebbene la regolamentazione delle criptovalute si sia evoluta dalla pubblicazione del rapporto, è una lettura molto interessante e una buona risorsa per la maggior parte delle azioni normative emesse dalle autorità di tutto il mondo.

Uno dei suoi risultati chiave è stato che il primo passo verso la regolamentazione delle criptovalute intrapreso dai regolatori è stato tipicamente quello di distinguere le criptovalute che sono considerate titoli da altri tipi di criptovalute. Ciò significa che una classificazione legale e normativa di un criptoasset dovrebbe essere basata su una valutazione approfondita di diversi fattori caso per caso. Questi fattori di solito sono il tipo di diritti associati, l'accesso ai token, la sua funzione economica e la trasferibilità, per citarne alcuni. Il risultato in molti casi è che le attività relative alle criptovalute svolte dagli intermediari hanno forti somiglianze con le attività finanziarie esistenti che si trovano nei mercati tradizionali, ad esempio le criptovalute non sono nient'altro che mercati per altri strumenti finanziari che consentono il trading. Quindi, suggerisce a sè stesso di regolare le attività relative ai token crittografici allo stesso modo.

Conosci i tuoi modelli di token

È affascinante, tuttavia, che questo passaggio iniziale sia sconcertante per molte persone anche nel mondo crittografico, ovvero la differenziazione dei diversi tipi di token. Ad esempio, per molto tempo gli emittenti di Initial Coin Offerings hanno affermato che il loro token era un token di utilità e come tale non sarebbe stato coperto dalle leggi sui titoli. Le leggi sui titoli sono particolarmente gravose e hanno alcune gravi conseguenze in caso d'illeciti, quindi è abbastanza comprensibile.

Quindi, esaminiamo i principali modelli di token e spieghiamo quali sono le potenziali implicazioni. Anche se esistono diversi modelli di token che includono nomi diversi per la stessa cosa, possiamo fondamentalmente raggrupparli in tre categorie principali: pagamento, utilità e token di sicurezza.

TOKEN DI PAGAMENTO

Questi token sono un mezzo alternativo di pagamento e scambio. A differenza delle valute legali come il dollaro USA, l'euro o lo yen giapponese, i gettoni di pagamento come Bitcoin non hanno corso legale e non sono supportati da un governo. Il loro obiettivo principale è invece quello di essere uno strumento decentralizzato per l'acquisto e la vendita di beni e servizi senza intermediari tradizionali e senza altre funzioni (o solo limitate).

Ma cosa significa questo in termini normativi?

Ad esempio, in un documento di consultazione pubblicato nel gennaio 2019, la FCA del Regno Unito ha confermato che i token di pagamento o scambio - come li chiama FCA - "attualmente non rientrano nel perimetro normativo. Ciò significa che il trasferimento, l'acquisto e la vendita di questi token, inclusa l'operazione commerciale di scambi di criptoasset per i token di scambio, sono attività attualmente non regolamentate dalla FCA".

L'autorità di regolamentazione finanziaria tedesca BaFin (Bundesanstalt für Finanzdienstleistungsaufsicht, ovvero l'autorità federale di vigilanza finanziaria) ha pubblicato una valutazione nel 2014 sul Bitcoin e una panoramica dei rischi a cui possono essere esposti gli utenti di questa e di altre valute, e di conseguenza il Bitcoin è stato classificato come legalmente vincolante come strumenti finanziari in conformità con la legge bancaria tedesca (Kreditwesengesetz - "KWG"). Da allora ha leggermente cambiato direzione, ma in una recente lettera di consulenza il watchdog finanziario ha confermato che i token di pagamento non rappresentano titoli ai sensi del WpPG o beni come definiti dal VermAnlG, ma sono regolarmente strumenti finanziari ai sensi del KWG.

È anche importante che quest'approccio adottato dalla maggior parte delle autorità di regolamentazione non significhi che i servizi correlati non rientrerebbero nel mandato regolamentare della legislazione esistente, ma richiederebbero un'autorizzazione, ad esempio, come nel caso degli scambi di token.

Inoltre, vale la pena notare che la revisione della direttiva UE sul riciclaggio di denaro ("AMLD 5"), norme antiriciclaggio più severe diventano applicabili alle entità che svolgono attività come lo scambio tra criptovalute e valute legali, tra una o più altre forme di criptovalute, il trasferimento di criptovalute, la custodia o l'amministrazione di queste o strumenti che consentono il controllo sulle criptovalute, la partecipazione e la fornitura di servizi finanziari relativi all'offerta di un emittente, o la vendita di un criptoasset.

TOKEN DI UTILITÀ

I token di utilità concedono ai titolari l'accesso a un prodotto o servizio attuale o potenziale, ma non concedono ai titolari diritti uguali a quelli concessi da investimenti specifici.

In termini normativi, questo è un po' più complicato in quanto i regolatori potenzialmente li trattano in modo diverso. Da un lato, usando ancora l'esempio del BaFin tedesco, "I token di utilità non sono moneta elettronica se non c'è l'accettazione da parte di terzi o vengono emessi solo in cambio di altri token di pagamento (come Bitcoin o Ether). Per quanto riguarda i token di utilizzo puro, c'è anche molto da suggerire che il loro rilascio non induce alcun requisito di autorizzazione ai sensi del Banking Act, del Payment Services Supervision Act o del Codice d'investimento. Inoltre, viene spesso esclusa anche la possibilità di classificare tali token come strumenti finanziari ai sensi del Banking Act, il che significa che eventuali servizi basati sul commercio eseguiti esclusivamente con questi token sul mercato secondario non richiedono autorizzazione ". La FCA, d'altra parte, ha recentemente pubblicato una dichiarazione politica intitolata Guidance on Cryptoassets. In questo documento, l'autorità con sede a Londra ha sottolineato che, sebbene "i gettoni di utilità non siano investimenti specificati, potrebbero soddisfare la definizione di moneta elettronica in alcune circostanze (così come altri gettoni). In questo caso le attività che li coinvolgono possono essere regolamentate.

In tal caso, sarebbero applicabili la legislazione dell'UE come la direttiva sulla moneta elettronica (" EMD2 ") o la direttiva sui servizi di pagamento (" PSD2 ") e le rispettive normative nazionali. Tuttavia, come mostra il rapporto dell'Autorità bancaria europea con la consulenza per la Commissione europea sui cripto-asset, gli esempi possono differire in modo significativo e di conseguenza anche il trattamento normativo di un token di utilità.

TOKEN DI SICUREZZA

E ora per la categoria che la maggior parte degli ICO vorrebbe evitare: titoli noti anche come asset, equity o token di investimento. Quindi: **un token di sicurezza fornisce diritti e obblighi simili a titoli o investimenti come azioni o strumenti di debito.**

Fin qui tutto bene. Il trucco sta nel determinare se un token rientra in questo ambito.

Le domande dell'indagine erano progettate per determinare il modo in cui un determinato Stato membro aveva recepito la MiFID II nella propria legislazione nazionale e, sulla base di tale recepimento, se un campione di sei cripto-attività emesse in una ICO fosse qualificato come valori mobiliari e / o altri tipi di strumenti finanziari come definiti nella MiFID II.

"Valori mobiliari", indica quelle "classi di titoli negoziabili sul mercato dei capitali, ad eccezione degli strumenti di pagamento, quali:

- azioni di società e altri titoli equivalenti ad azioni di società, società di persone o altri enti e ricevute di deposito in relazione alle azioni;

- obbligazioni o altre forme di debito cartolarizzato, comprese le ricevute di deposito in relazione a tali titoli;

- qualsiasi altro titolo che dia il diritto di acquistare o vendere tali valori mobiliari o che dia luogo a un regolamento in contanti determinato con riferimento a valori mobiliari, valute, tassi d'interesse o rendimenti, merci o altri indici o misure".

Sebbene vi fosse un ampio accordo tra le ANC sul fatto che le cripto-attività che soddisfano le condizioni necessarie per qualificarsi come strumenti finanziari dovrebbero essere regolamentate come tali, il rapporto ha anche evidenziato le difficoltà nel definire chiaramente un detto token in base alle regole esistenti. Si può ancora stabilire una linea di base, come delineato dal regolatore tedesco, nel senso che i token di questo tipo rappresentano una classe di sicurezza propria perché sono stati convertiti in investimenti negoziabili sul mercato finanziario per tokenizzazione e devono essere quindi classificati come titoli. L'approccio "sostanza sulla forma", sviluppato dall'ESMA, lo chiarisce e le componenti materiali, piuttosto che il nome formale di uno strumento finanziario, sono sempre i fattori decisivi.

BaFin suggerisce quindi che "la regola generale per la classificazione di uno strumento finanziario come di sicurezza ai sensi della sezione 2 no. 1 WpPG è che è trasferibile, negoziabile sul mercato finanziario e comprende diritti paragonabili ai titoli. Una cartolarizzazione sotto forma di certificato, che garantisce la commerciabilità degli strumenti finanziari nel caso di titoli tradizionali, non è richiesta per classificare un token come titolo.

Il termine "titoli" deve essere interpretato in modo uniforme a causa dell'auspicata convergenza della vigilanza a livello dell'UE; sia il WpHG che il WpPG utilizzano il termine "security" come definito dalla MiFID II, trasponendo così questa definizione giuridica nel diritto nazionale. Se a un token sono associati diritti paragonabili a quelli associati ai titoli, il token facilita una maggiore commerciabilità attraverso una trasferibilità semplificata e una maggiore negoziabilità". Negoziabilità in questo senso significa che un token deve essere sufficientemente standardizzato e progettato in modo omogeneo. D'altra parte, l'aspetto della trasferibilità non sembra essere eccessivamente oneroso, poiché la maggior parte dei token sono progettati in questo modo, ma la recente Guida FATF sugli asset virtuali e sui fornitori di servizi di asset virtuali ha sottolineato il punto della flessibilità: il contesto delle attività VA e VA, che coinvolgono una gamma di prodotti e servizi in uno spazio in rapida evoluzione. Alcuni elementi - o token - che apparentemente non sembrano costituire VA possono in realtà essere VA che consentono il trasferimento o lo scambio di valore o facilitano ML / TF. Alcuni ICO, ad esempio, riguardano o coinvolgono "token di gioco" e altri "token" possono essere utilizzati per offuscare i flussi di transazione tra un token in-game e il suo scambio o trasferimento a un VA. Esistono anche mercati secondari sia nel settore dei titoli che in quello delle materie prime per "beni e servizi" che sono fungibili e trasferibili. Ad esempio, gli utenti possono sviluppare e acquistare determinati articoli virtuali che fungono da riserva di valore e di fatto accumulano valore e che possono essere venduti nello spazio VA.

IBRIDI

Naturalmente, questa non è la fine dei modelli token. Gli innovatori continueranno a sforzarsi di trovare modelli diversi e già un certo numero di gettoni esistenti combinano le diverse categorie. La FINMA sottolinea che "i token di attività e di utilità possono anche essere classificati come token di pagamento, nel qual caso i requisiti sono cumulativi, ovvero i token sono considerati sia titoli che mezzi di pagamento. In particolare, molti fornitori intendono utilizzare i propri gettoni di utilità in un momento futuro come mezzo di pagamento e quindi valuta virtuale. Anche in questo caso le autorità di regolamentazione concordano in quanto l'approccio generale in questi casi è quello di definire il focus in termini di funzioni delle rispettive bugie simboliche e che le circostanze concrete del singolo caso sarebbero decisive.

Alla fine, le conseguenze normative devono essere determinate caso per caso. Qualsiasi discussione riguardante le risorse crittografiche e le loro implicazioni normative è inutile, anche se gli elementi di base non sono determinati per primi e la natura di un token è il punto di partenza di tale analisi.

CAPITOLO 5

EVOLUZIONE DELLE TOKEN OFFERINGS: ICO, IEO, STO E IDO

Attraverso la raccolta di fondi, nuove aziende e aspiranti sviluppatori nel settore Blockchain e crypto hanno la possibilità di trasformare le loro idee innovative in azioni. Le ICO (Initial Coin Offerings) sono state introdotte nel 2013 e lo spazio crittografico ha visto come questo metodo sia salito così in alto solo per perdere il suo fascino quando sono state introdotte le STO (Security Token Offerings). Tuttavia, lo stesso destino è accaduto alle STO quando un altro metodo chiamato IEO (Initial Exchange Offering) ha onorato il settore. Quest'anno, un cambiamento tettonico si profila ancora una volta sull'introduzione degli IDO (Initial Dex Offerings). Le tendenze della raccolta fondi hanno già acquisito una trazione globale in diversi settori, in particolare nel mercato decentralizzato delle criptovalute. Tuttavia, con quattro opzioni significative, come sceglierebbe una startup il miglior metodo di raccolta fondi per un particolare progetto? Questo studio comparativo di ICO, STO, IEO e IDO mira a illuminare aziende e individui riguardo ai processi decisionali.

OFFERTE INIZIALI DI MONETE (ICO)

L'offerta iniziale di monete, o più popolarmente conosciuta come ICO, era una volta il metodo di raccolta fondi più popolare nel settore. Una startup in cerca di finanziamenti deve solo presentare un white paper che delinea come funzionerebbe il sistema proposto. Ci sarebbe una vendita di gettoni in cui le monete fungeranno da future unità funzionali di valuta. Gli investitori che credono nel potenziale del progetto possono acquistare la valuta digitale "senza valore" utilizzando fiat o criptovalute. È una scommessa in quanto sperano che il valore del token aumenti quando il progetto finalmente arriverà sul mercato.

Nonostante siano state lanciate nel 2013, le ICO hanno avuto il suo slancio solo nel 2017. Secondo i rapporti del settore, le ICO sono riuscite a raccogliere l'incredibile cifra di 5 miliardi di euro. Una rapida ricerca su Google rivelerebbe che questo metodo ha raggiunto il suo picco nello stesso momento in cui il Bitcoin ha raggiunto il massimo storico.

Ma mentre ci sono voluti alcuni anni prima che gli ICO guadagnassero popolarità, questo metodo ha perso rapidamente il suo fascino da parte del pubblico. Nel 2018, le cifre erano ancora sbalorditive, con 1253 ICO che hanno acquisito un totale di 8 miliardi di euro dagli investitori. Tuttavia, nell'ultima parte dell'anno si è registrato un calo significativo. Nel 2019, molte ICO hanno faticato ad attirare gli investitori e i rapporti hanno rivelato che solo 84 progetti sono riusciti a raccogliere circa 350 milioni di euro, ben lontano dai precedenti dati di finanziamento.

Che cosa è andato storto?

Essendo in grado di raccogliere milioni in pochi secondi, non sorprende il motivo per cui la popolarità degli ICO è diventata immediatamente globale. Sfortunatamente, alcuni cattivi giocatori hanno approfittato dell'ecosistema. I white paper sono stati plagiati e sono stati promessi rendimenti irrealistici per attirare gli investitori. L'industria è stata spazzata dalla speculazione e dall'avidità, in misura allarmante. Nel 2018, un rapporto in particolare ha affermato che il 50% delle offerte iniziali di monete erano truffe. Sebbene fossero state messe in atto diverse normative per evitare questo tipo di cattiva condotta, Initial Coin Offerings non era stata in grado di riguadagnare il suo fascino per gli investitori. L'arrivo delle STO ha persino peggiorato la situazione.

OFFERTE DI TOKEN DI SICUREZZA (STO)

Le offerte di token di sicurezza conferiscono al proprietario il diritto di possedere una quota all'interno dell'attività proposta o di condividere i profitti in cambio del proprio investimento. Per evitare che gli investitori cadano vittime dei truffatori del settore, le STO vengono offerte con asset tangibili come garanzia. Questo metodo di raccolta fondi è stato progettato in modo tale da poter eliminare le frodi associate alle ICO. Tuttavia, a lungo termine, investitori e aziende si sono resi conto che non è l'opzione di raccolta fondi più praticabile del settore.

Poiché le STO sono classificate come titoli, le startup e gli investitori devono prima rispettare le regole degli organismi accreditati come la US Securities and Exchange Commission prima di poter prendere parte all'attività di raccolta fondi. Tali requisiti si sono rivelati irrealistici e l'elevata barriera alla partecipazione ha indotto gli investitori a guardare oltre questo metodo.

Offerte di scambio iniziale (IEO)

L'offerta di scambio iniziale è un progetto condotto da uno scambio di criptovaluta per conto di una società che cerca finanziamenti aggiuntivi. La piattaforma detiene una vendita di token e le aziende in cerca d'investimenti sono tenute a pagare le commissioni di quotazione e la percentuale dei token venduti nell'offerta di scambio iniziale. Dopo le IEO, le monete vendute sarebbero elencate e lo scambio di criptovalute incentiverebbe ad aiutare l'azienda nei loro sforzi di promozione del marketing. In particolare, la stessa popolarità acquisita dagli ICO nel 2017 sta accadendo oggi sulle IEO. Il principale exchange di criptovalute Binance ha avviato la tendenza per conto di BitTorrent. Il successo della vendita di token aveva ispirato altri scambi a condurre lo stesso metodo di raccolta fondi.

IEO si rivela vantaggioso per le startup poiché gli investitori interessati possono essere facilmente incoraggiati dalla credibilità dell'exchange di criptovalute. Inoltre, una volta che un token è elencato, ottiene immediatamente supporto commerciale dalla piattaforma. L'alba delle IEO rappresenta una progressione naturale, citando che fornisce un ambiente equo sia per le startup che per gli investitori. Il lato positivo e quello negativo del metodo sono chiariti fin dall'inizio. Molti da allora hanno affermato che le IEO sono una situazione vantaggiosa per tutte le parti coinvolte.

Nonostante la sua crescente popolarità, i clienti statunitensi non possono godere dei vantaggi delle offerte di scambio iniziali al momento. Il governo ha considerato i token come titoli e ha vietato ai cittadini di acquistarli, in particolare da borse non regolamentate. Tuttavia, gli investitori di tutto il mondo hanno dimostrato che le IEO sono il nuovo "in". Nonostante l'assenza di investitori dagli Stati Uniti, le IEO sono comunque riuscite a raccogliere 1,5 miliardi di euro nella prima metà di quest'anno.

Offerte DEX iniziali (IDO)

Mentre le IEO si presentano come un'opzione praticabile per la raccolta di fondi, sembra che gli investitori e i sostenitori delle criptovalute siano sempre aperti ai cambiamenti e curiosi di esplorazione. A giugno 2019, il nuovo metodo di raccolta fondi denominato "Protocollo Raven" è stato introdotto su Binance.

Un'offerta DEX iniziale condivide lo stesso concetto di un'offerta di scambio iniziale. Tuttavia, mentre gli IEO sono condotti su scambi centralizzati, gli IDO avvengono su scambi decentralizzati, da cui il nome. L'esperimento IDO iniziale è stato eseguito per 24 ore sulla piattaforma Binance dove il 3% della fornitura totale di token è stato allocato per l'IDO. Durante la vendita, una singola unità di gettone corvo ha un prezzo di 0,00005 BNB.

Al momento, i dettagli specifici sono scarsi, tuttavia, i rapporti iniziali hanno rivelato che gli IDO consentirebbero agli utenti di diversi paesi di partecipare a una vendita di token ospitata dal protocollo Raven o da altri fornitori specificati. Tuttavia, vale la pena ricordare che il concetto comporta lo stesso rischio associato all'acquisto di risorse crittografiche.

Con la credibilità di Binance DEX nel settore delle criptovalute, l'introduzione del concetto di IDO ha naturalmente guadagnato l'interesse sia dei sostenitori che dei critici. Il primo gruppo vuole vedere come l'idea sarebbe maturata nel tempo mentre il secondo gruppo ha attaccato l'utilità e la sicurezza di uno scambio decentralizzato. Inoltre, i critici sono infastiditi dal fatto che il primo IDO è stato condotto su una piattaforma che vede un volume di scambi inferiore a 2 milioni di euro al giorno. Secondo Jennifer SK Chan di ProBit exchange, se il numero di order book e utenti venisse utilizzato come base, gli scambi decentralizzati sono senza dubbio ancora lontani dalla maturità. A questo punto, DEX ha poche trazioni e hanno bisogno di aumentare un buon coinvolgimento e acquisire un buon numero di utenti prima che il concetto di IDO possa essere considerato rivoluzionario.

Pro e contro

ICO, STO e IEO (IDO, noto anche come offerta iniziale di dex) sono alcuni dei termini più familiari che utilizziamo nel mondo delle criptovalute e sono tutti correlati alla raccolta di fondi nella piattaforma Blockchain. ICO, STO e IEO sono metodi diversi per raccogliere fondi attraverso lo scambio di criptovaluta e hanno tutti la loro giusta quota di pro e contro.

Uno studio comparativo tra le tre opzioni ci aiuterà a scegliere il metodo giusto per un particolare progetto.

DIFFERENZA TRA: ICO - IEO - STO - IDO

Cos'è l'ICO:

ICO sta per Initial Coin Offering ed è di gran lunga uno dei metodi di crowdfunding più popolari. ICO viene solitamente utilizzato per lanciare un nuovo servizio o prodotto nel mercato delle criptovalute come un nuovo token di criptovaluta o un'app. È infatti molto simile all'IPO (offerta pubblica iniziale) che viene utilizzata da una nuova società per raccogliere fondi quando si avventura in borsa per la prima volta.

IDO (offerta iniziale DEX)

IDO è un caso speciale di IEO. La principale differenza tra IEO e IDO è che IDO viene eseguito su uno scambio decentralizzato.

Come funziona un ICO?

Un ICO emette criptovalute o monete digitali contro gli investimenti e viene venduto sul mercato con uno sconto per raccogliere fondi.

Proprio come un mercato azionario, gli investitori trarranno profitto se il valore dei token si apprezza dal prezzo originale del token.

Pro di ICO

- L'inizializzazione e l'impostazione di un progetto ICO sono relativamente facili rispetto a STO e IEO. Le aziende con un progetto ICO devono pubblicare un white paper, un sito Web del prodotto in questione e un team di backup che si occuperà degli aspetti tecnici del progetto. Questo è tutto!

- Il costo di un lancio di ICO è relativamente basso e quindi è adatto per investitori dilettanti che sono nuovi sul mercato con fondi presumibilmente bassi da investire.

- Il processo è abbastanza semplice e meno macchinoso rispetto agli altri due.

- L'intervento del governo minore e quindi è un'opzione preferibile per la raccolta di fondi per i piccoli timer.

- Più liquidità in un breve periodo di tempo.

- Gli investitori hanno il pieno controllo sui propri fondi.

- Si possono raccogliere fondi tramite programmi di taglie, vendite pubbliche e private e tramite AirDrops.

Contro di ICO

- Uno dei principali svantaggi di questo sistema è che si tratta di funzionalità di sicurezza. Il sistema è suscettibile di truffe e truffatori che inquinano il buon funzionamento del sistema.

- Per gli investimenti a lungo termine, l'ICO non è un'opzione preferita.

Cos'è IEO:

IEO è relativamente nuovo sul mercato e sta per Initial Exchange Offerings. Qui le aziende vendono direttamente i loro token nello scambio ai singoli partecipanti senza offrirli in un ICO.

Come funziona uno IEO?

In uno IEO, le monete vengono scambiate direttamente con ETH nella piattaforma IEO.

Qui il contributore crea un account nello scambio e invia ETH all'account. Quando l'IEO si avvia, l'ETH viene scambiato direttamente con i token.

Pro di IEO

- Tutti gli scambi sono verificati KYC / AML, quindi garantisce una sicurezza molto elevata agli investitori.

- Gli investitori prendono parte direttamente allo scambio, a differenza di ICO e STO.

- A causa dei livelli normativi, la piattaforma è affidabile e protegge gli investitori da attività fraudolente.

- I partecipanti non trasferiscono i propri contributi a uno smart contract ma direttamente ai propri account.

Contro di IEO

- Il costo della raccolta fondi è molto alto in IEO e il sistema stesso è difficile da configurare.

- La liquidità è molto bassa rispetto alle altre due.

- Gli investitori hanno pochissimo controllo sulle attività dello scambio.

Cos'è STO:

L'offerta di token di sicurezza o STO è un altro strumento di raccolta fondi, ma è più complesso e difficile rispetto a un ICO.

Come funziona STO?

STO emette un contratto d'investimento che è supportato dalle monete token di sicurezza e sono registrate nella piattaforma blockchain.

Qui il token di sicurezza è supportato da risorse e rappresenta le informazioni sulla proprietà registrate digitalmente nella comunità blockchain. È come un certificato digitale molto simile alle azioni e obbligazioni del mondo reale che offri in cambio dell'investimento.

Pro di STO

- Le STO trattano beni reali e rispettano le regole del governo, il che è uno dei motivi principali per cui è uno degli strumenti d'investimento più affidabili nel mondo delle criptovalute.

- Le STO sono più sicure a causa dell'accessibilità limitata e riconoscono che solo gli investitori che sono stati adeguatamente autenticati possono prendere parte alle operazioni STO.

- È un bene per gli investitori a lungo termine e seri grazie all'elevata sicurezza.

- La liquidità è molto alta in IEO.

Contro di STO

- Il costo della raccolta fondi è molto alto nelle STO rispetto agli altri due e anche un processo relativamente complesso.

- A causa delle rigide norme di sicurezza, gli investimenti transfrontalieri sono limitati nelle STO.

- Livello di liquidità basso a causa delle rigide normative governative. In alcuni casi, gli investimenti non possono essere incassati per un periodo superiore a un anno.

- STO è regolata dalle leggi sulla sicurezza e tutte le transazioni sono accreditate KYC o AML.

CAPITOLO 6

BLOCKCHAIN: VANTAGGI E SVANTAGGI

Una blockchain originariamente è un elenco crescente di record, chiamati blocchi, collegati tramite crittografia. Blockchain è stata introdotta da Satoshi Nakamoto nell'anno 2008 ed è stata implementata nell'anno 2009 per fungere da criptovaluta denominata Bitcoin.

La Blockchain viene eseguita da peer to peer a livello globale dove non sono richieste terze parti per convalidare il processo di transazione. Le due parti coinvolte non hanno bisogno di una terza parte in quanto hanno fiducia. I blocchi vengono creati uno dopo l'altro nella catena, quindi è un processo completamente trasparente e sicuro e le transazioni non possono essere cancellate dalla blockchain o riscritte una volta che è stato fatto un movimento.

Le blockchain sono importanti perché consentono nuova efficienza e affidabilità nello scambio d'informazioni preziose e private che una volta richiedevano una terza parte per facilitare, come il movimento del denaro e l'autenticità dell'identità.

Vantaggi della tecnologia Blockchain

Immutabilità e trasparenza: ogni blocco è visibile a tutti i membri della rete, garantendo la fiducia tra le parti. Poiché un blocco è collegato a un altro blocco in un processo di transazione attraverso il libro mastro distribuito, non è possibile eliminare o sovrascrivere il processo.

Consenso: le parti nella blockchain accettano il processo e quindi approvano le transazioni, quindi rende le transazioni legittime e quindi aggiunte alla blockchain.

Integrità del processo: il processo è costruito in modo da operare tra due parti in cui non è necessario che la terza parte convalidi le transazioni. Quindi, una volta che le transazioni sono state eseguite, il blocco creato dopo l'altro in una catena non può essere annullato per mantenere alti livelli di sicurezza.

Sicurezza: la blockchain è altamente sicura poiché ogni individuo che accede a una blockchain viene fornito con un identificatore univoco collegato al proprio account ed è altamente crittografato. Ciò garantisce che il proprietario dell'account stesso esegua le transazioni.

Elaborazione più rapida: Blockchain è basata su cloud e supporta la valuta digitale come la criptovaluta. La valuta può essere trasferita da una parte all'altra in pochi secondi, a differenza del modo in cui è necessario trasferire la valuta fiat.

Costi di transazione inferiori: Oltre a transazioni più veloci, offre anche un costo di transazione inferiore. Poiché non ci sono parti intermedie coinvolte, non ci sono costi nascosti per effettuare una transazione tranne che una piccola commissione viene pagata negli scambi.

Svantaggi della tecnologia Blockchain

Consumo di energia elevato: con la nuova tecnologia e transazioni più veloci, la blockchain richiede un elevato consumo di energia mentre esegue il processo di mining. Tenere un registro in tempo reale è uno dei motivi di questo enorme consumo di energia.

Costo di manutenzione: mantenere l'hardware per eseguire un livello così elevato di transazioni ed eseguire processi così complessi richiede costi enormi per le sue operazioni.

Volatilità: molte criptovalute funzionano su blockchain decentralizzate, il che le rende volatili per il mercato. Anche i prezzi di queste criptovalute possono oscillare tra il 5 e il 25% in un solo giorno.

Ritardi nelle transazioni: Uno degli svantaggi dei principali blockchain che sono stati creati finora è che di solito impiegano molto tempo, in genere alcune ore per registrare anche le transazioni a volte.

Non garantisce la piena trasparenza: spostare i dati su una blockchain può essere un modo per rendere più trasparente il tuo progetto software o la tua azienda. Ma all'improvviso non rende tutto "aperto". Ad esempio, potresti avere un'applicazione closed-source che memorizza i dati su una blockchain. In tal caso, nessuno tranne te saprebbe esattamente come funziona il tuo software, anche se i suoi dati vivono su una blockchain.

Oltre a discutere i suoi vantaggi e svantaggi, la blockchain può influenzare ampiamente in vari modi per plasmare le nostre vite per un futuro migliore. Possiamo capirlo in base a determinati casi d'uso come:

Il processo decisionale

La Blockchain può aiutare le nostre aziende e il governo a dare forma a molte politiche e alla loro attuazione grazie alla sua trasparenza e immutabilità. Può aumentare ulteriormente la fiducia tra le parti, ridurre la corruzione e sostenere la burocrazia.

Sanità

Esso può aiutare i fornitori di servizi sanitari a beneficiare della sua funzione di contratto intelligente, uno Streamline delle opere più difficili di allineamento e la preparazione di contratti enormi per le varie parti senza errori e in modo sicuro. Insieme a ciò, può aiutare a procurare i dati delle cartelle cliniche in un determinato periodo di tempo e timestamp, utilizzandoli ulteriormente per ulteriori ricerche mediche, potenzialmente curando malattie o fornendo spunti per la pianificazione di un trattamento efficace.

La rappresentazione di identità

Il furto di identità è stato un contrattempo comune, ma con la blockchain è possibile archiviare e proteggere i propri dati comuni e biometrici e non possono mai essere frodati.

La tecnologia blockchain è stata accettata per la prima volta nel 2016 e si è rapidamente fatta strada in molte aziende e comunità online. Questo registro elettronico pubblico può fornire molti vantaggi; tuttavia, come tutto, ci sono sempre degli svantaggi. Approfondiamo le varie possibilità e i limiti per una corretta comprensione.

Transazioni globali facili

Poiché la blockchain è decentralizzata, ora è possibile trasferire denaro in tutto il mondo più rapidamente che mai, con pochi problemi. Prima di questo tipo di tecnologia, le transazioni potevano richiedere alcuni giorni attraverso le normali organizzazioni bancarie. Tuttavia, ora possono essere necessari solo pochi minuti. Questo è un vantaggio significativo e uno dei motivi principali per cui le aziende stanno adottando questa tecnologia.

Significativa impronta di carbonio

Uno dei maggiori svantaggi della tecnologia blockchain è il suo notevole impatto sull'ambiente . Prendi il mining di bitcoin, ad esempio; implica il processo di risoluzione di problemi matematici complessi, che consuma molta energia. Sebbene questo non sia lo stesso per tutta la tecnologia blockchain, è ancora un problema per molte criptovalute. A un certo punto, il mining di criptovalute utilizzava tanta energia quanto una piccola nazione.

Elimina l'errore umano

Poiché la tecnologia blockchain utilizza più sistemi informatici, i dati vengono verificati rapidamente e facilmente senza la necessità del coinvolgimento umano. Ciò significa quindi che i record sono più accurati e questo elimina virtualmente tutti gli errori umani. È un sistema tecnologico con un'incredibile precisione ed efficienza.

Criptovaluta fluttuante

Le molte criptovalute che utilizzano blockchain sono incredibilmente volatili, portando molti investitori a chiedersi se ne valga davvero la pena. I prezzi possono fluttuare ogni giorno e alcune criptovalute possono floppare del tutto.

Questo può essere uno svantaggio significativo, poiché molte persone non vogliono essere coinvolte in un tale rischio. Tuttavia, se sei interessato, puoi creare un account di portafoglio bitcoin online per proteggere i tuoi fondi.

Maggiore sicurezza

La tecnologia blockchain è molto sicura ed è un ottimo modo per proteggere i tuoi dati. Questo perché a chiunque acceda alla catena viene assegnato un codice / identità univoco collegato al proprio account. Questo quindi rende molto più difficile per gli hacker interrompere la catena. Sebbene non sia impossibile, è senza dubbio una delle tecnologie online più sicure disponibili.

Difficile modificare i dati

Uno svantaggio che deve essere preso in considerazione è che una volta che i dati sono stati aggiunti alla catena, può essere molto difficile modificarli. Sebbene ad alcune persone piaccia questo riguardo alla tecnologia, può causare problemi più avanti lungo la strada. Per modificare i dati, il processo è ampio e richiede modifiche al codice. Spesso ciò comporta l'abbandono di un nodo e la creazione di uno nuovo.

Quando si prende in considerazione quanto sopra, è interessante vedere cosa rende la tecnologia blockchain così attraente per molti. Tuttavia, ci sono anche alcuni svantaggi che dovrebbero essere esaminati. Quando prendi la tua decisione, tieni a mente i tuoi valori aziendali e il tuo piano generale. Questo ti aiuterà a decidere se vale la pena investire.

CAPITOLO 7

COME OTTENERE BITCOIN

Per molte persone, l'acquisto di grandi quantità di Bitcoin non è una strategia d'investimento finanziariamente sostenibile. Ma la buona notizia è che ora ci sono più alternative che mai che rendono facile per le persone guadagnare bitcoin.

E che tu ci creda o no, in alcuni casi, non devi fare quasi nulla per iniziare a guadagnare. Esploriamo quali sono tutte le tue opzioni, dall'accettazione di bitcoin dal tuo datore di lavoro al deposito in un account crittografico che guadagna interessi.

1. Guadagna Bitcoin con un conto con interessi crittografici

Allo stesso modo in cui le persone sono solite immagazzinare i loro soldi in conti bancari e ricevono interessi sui loro depositi, i conti con interessi crittografici sono un nuovo ed entusiasmante modello per l'industria blockchain. Questo modello viene spesso applicato in modi diversi, inclusi i conti che generano interessi. Alcune persone si riferiscono a questo semplicemente come prestare il tuo Bitcoin. Alla fine, il risultato è lo stesso: trasferendo il tuo Bitcoin o altre criptovalute al fornitore di servizi finanziari, guadagnerai interessi sul tuo Bitcoin nel tempo.

Come funzionano i conti con interessi crittografici?

Diverse società ora offrono la possibilità di guadagnare interessi sulle tue partecipazioni crittografiche. La struttura di base è che invii la tua crittografia al sito Web del tuo fornitore di servizi di portafoglio e nel tempo guadagnerai interessi. Ciò fornisce un nuovo modo per gli HODLer di criptovaluta di archiviare e guadagnare sulle proprie partecipazioni di cripto-asset.

Negli ultimi anni i tassi d'interesse offerti dalle banche si sono abbassati, rendendo i rendimenti tutt'altro che ideali. Gli individui sono stati costretti a trovare altre soluzioni per fare soldi. Ad oggi, non ci sono state quasi opzioni per i possessori di criptovalute.

I possessori di criptovalute si stanno ora rivolgendo a fornitori di servizi finanziari alternativi per questi servizi. I clienti possono guadagnare fino al 6% di interessi annuali sui loro Bitcoin ed Ether. I clienti con interessi guadagnano anche composti, massimizzando i loro rendimenti annuali.

Ad esempio, con l'interesse composto, l'interesse annuale effettivo degli utenti dopo 12 mesi al 6% sarebbe del 6,2%, aggiungendo ancora più opportunità di crescita a lungo termine.

2. Ottieni Cash-Back in Bitcoin quando fai acquisti online

Ebates, una popolare estensione di Google Chrome, offre ai clienti un rimborso per i loro acquisti da migliaia di siti web. Lavorano con quasi tutti i principali rivenditori online, compreso tutto, da Best Buy, a Groupon, a Nike. Una volta installata l'estensione e creato un account, Ebates ti avviserà se ci sono sconti disponibili mentre navighi sul sito web di un rivenditore. In un clic puoi attivare gli sconti. Alla fine di ogni trimestre, ricevi un assegno da Ebates con il tuo saldo cash back. È così semplice.

In criptovaluta, una società chiamata Lolli offre servizi simili. Effettua acquisti su siti Web come Sephora, Macys o CVS e ricevi un rimborso in Bitcoin. Ogni negozio ha un importo d'incentivo diverso. Alcuni offrono fino al 9% di rimborso. Altri offriranno una determinata quantità di BTC. Questo è un modo molto semplice per guadagnare Bitcoin gratis mentre fai i tuoi acquisti quotidiani.

Un altro modo entusiasmante per guadagnare Bitcoin come cash-back è con Pei. Con l'app Pei, puoi sbloccare il rimborso in BTC, o carte regalo. La loro app è molto semplice da usare e viene eseguita in background mentre fai acquisti. Il primo passo è collegare il tuo conto bancario, le carte di debito e le carte di credito al tuo account in modo sicuro tramite Plaid. Quindi, ogni volta che fai acquisti in un negozio della comunità di commercianti Pei, riceverai un rimborso direttamente sul tuo account Pei. È davvero così semplice.

I loro partner includono aziende come Target, Chipotle, 7-Eleven e una serie di altri importanti rivenditori. La parte migliore è che non solo guadagni Bitcoin attraverso Pei, ma ottieni comunque un "doppio guadagno" sui punti e sui premi che normalmente riceveresti dalle tue carte di credito. Pei è uno dei modi migliori per guadagnare passivamente Bitcoin senza doverci pensare.

3. Guadagna Bitcoin con il marketing di affiliazione

Il marketing di affiliazione è un modo popolare per guadagnare soldi per blogger, siti di notizie, influencer dei social media e persone di tutti i giorni. Le aziende forniscono URL o codici promozionali univoci per gli affiliati di marketing da inviare al proprio pubblico. Se qualcuno fa clic su quel link effettua un acquisto, riceverai un premio.

Quanto posso guadagnare dai premi di affiliazione?

Ogni azienda struttura il proprio programma di affiliazione in modo diverso. Per molti marchi di e-commerce, guadagnerai una percentuale dell'importo totale dell'ordine del cliente a cui hai fatto riferimento. Per altre società, potresti ricevere una tariffa fissa per ogni persona che s'iscrive a un servizio utilizzando il tuo codice promozionale.

Ad esempio, Coinbase ti pagherà $ 10 per ogni cliente che si iscrive e deposita almeno $ 100. Un altro scambio popolare, Binance, offre fino al 40% delle commissioni di transazione dei tuoi referral. Per le persone con un vasto pubblico, ciò può aggiungere fino a migliaia di euro al mese.

Un'altra alternativa è il programma di affiliazione di BlockFi, che offre il 10% degli interessi guadagnati dai rinvii al conto interessi BlockFi e 10 punti base sull'importo del prestito (a seconda di quale sia maggiore) di un prestito finanziato.

4. Fatti pagare in Bitcoin

Molte persone hanno iniziato ad accettare Bitcoin e altre criptovalute come pagamento per il proprio lavoro.

Questa è un'opzione particolarmente interessante per le persone che vogliono guadagnare bitcoin da casa o come libero professionista.

Che tu sia un editore, un musicista, un social media manager o un artista, puoi guadagnare con la criptovaluta in cambio dei tuoi servizi ora.

Alcune delle piattaforme di crittografia freelance più popolari includono:

- Jobs4Bitcoin - una popolare bacheca di lavoro di Reddit per attività pagate in Bitcoin
- Bitwage: buste paga e servizi HR per essere pagati in Bitcoin
- Angel's List - Sito di bacheche di lavoro in cui stanno assumendo molti progetti crittografici
- Earn.com - Guadagna Bitcoin completando attività e rispondendo alle e-mail
- CryptoGrind - Un luogo in cui acquistare e vendere servizi freelance utilizzando Bitcoin
- CryptoJobs - bacheca di lavoro per liberi professionisti che vogliono guadagnare criptovalute per il loro lavoro
- Coinalità - bacheca di lavoro per progetti che cercano di pagare in criptovaluta
- Bitfortip - guadagna Bitcoin aiutando le persone

5. Guadagna Bitcoin commerciando o estraendo

Per alcune persone, il trading di criptovalute è il modo più semplice per guadagnare più Bitcoin. Esistono numerose strategie di trading e ogni trader ha il proprio modo preferito per aumentare le proprie partecipazioni crittografiche attraverso il trading. Tuttavia, un modo sempre più popolare è il trading con leva. In questo scenario, i trader prenderanno in prestito fondi per rafforzare il loro trading. In criptovaluta, questi prestiti con leva sono chiamati prestiti garantiti da criptovalut.

Uno dei modi più semplici per estrarre criptovalute utilizzando il tuo personal computer è con Honeyminer. Devi solo scaricare l'applicazione ed eseguirla in background. È tutto.

Cos'è un prestito garantito da criptovaluta?

I prestiti garantiti da criptovaluta sono strutturati come prestiti garantiti, in cui il mutuatario fornisce al prestatore una garanzia per avere accesso a più fondi. Più specificamente, il mutuatario fornisce al prestatore la propria criptovaluta per ottenere denaro. Una volta che il prestito è stato estinto, il mutuatario recupera la propria criptovaluta.

Un vantaggio dei prestiti crittografici è che non richiedono un'attrazione forte o morbida del punteggio di credito di un potenziale mutuatario. Poiché il prestito è garantito da un'attività come garanzia, non vi è alcun rischio per nessuna delle parti. Se il mutuatario decide di non rimborsare il prestito, il prestatore può semplicemente vendere la garanzia del mutuatario per recuperare i fondi. Inoltre, i prestiti garantiti da criptovaluta non attivano eventi imponibili. Il trasferimento dei tuoi fondi a un prestatore di criptovalute non costituisce un'azione di vendita, quindi non ci sono implicazioni di guadagni in conto capitale.

Cos'è il mining di criptovalute?

Un altro modo per guadagnare Bitcoin è attraverso il crypto mining. Il mining nel contesto della criptovaluta è ciò che alimenta la blockchain. I minatori utilizzano i computer per calcolare algoritmi crittografici complessi per decifrare il codice. Questo processo conferma tutte le transazioni crittografiche e le aggiunge alla blockchain per il record pubblico.

I minatori crittografici sono incentivati a completare i processi informatici con quelli che vengono chiamati "ricompense in blocco", che offrono ai minatori Bitcoin o altre criptovalute gratuiti in cambio dei loro sforzi. La difficoltà del crypto mining può aumentare o diminuire a seconda di quante persone stanno estraendo quella blockchain o di quanto sia congestionata la rete di transazioni.

Quanto costa il mining di criptovalute?

Le miniere crittografiche possono essere un'operazione costosa. Antminer, un famoso produttore di hardware per minatori, vende il suo S7 ASIC Bitcoin Miner per 199,99 euro ciascuno su Amazon. Un impianto di mining di criptovalute può avere da quattro a decine di migliaia di questi dispositivi. Inoltre, il costo della manutenzione dell'hardware e i costi dell'elettricità possono essere considerevoli. Il complesso minerario industriale SanShangLiang di Bitmain in Mongolia ha oltre 25.000 macchine che elaborano 250k euro di Bitcoin ogni giorno a partire da maggio 2018.

Per finanziare le loro operazioni, alcuni minatori si rivolgeranno a società di prestito crittografico per finanziare le loro operazioni.

CAPITOLO 8

VALUTAZIONE ECONOMICA DI UN CRIPTOASSET

Il prezzo delle risorse crittografiche è per la maggior parte guidato dalla scoperta del prezzo: poiché i trader di crittografia acquistano e vendono asset crittografici sugli scambi, il prezzo corrente è determinato da ciò che le persone sono disposte a spendere e da ciò che le persone sono disposte a ricevere per venderlo.

Valutare il prezzo delle risorse crittografiche è un gioco diverso. Non si tratta tanto di quale sia il prezzo attualmente, ma dei fattori al di fuori del mercato che danno il valore dell'asset crittografico in primo luogo.

Dando uno sguardo più da vicino ai fondamenti di un asset, i trader determinano se l'asset crittografico ha un valore attualmente e cercano di prevedere cosa accadrà a quel valore nel prossimo futuro.

Quando si parla di crittografia, è necessario prendere in considerazione una serie di elementi fondamentali, con l'utilità come principale. A seconda del tipo di utilità, i trader devono prestare particolare attenzione a diversi elementi fondamentali per valutare l'asset in questione.

Nota: i token di sicurezza non sono inclusi in questo elenco perché non sono ancora sufficientemente evoluti.

Gettoni di pagamento

La criptovaluta si presta perfettamente per i pagamenti digitali e ci sono molte monete diverse che sono state create appositamente per questo scopo. Il Bitcoin, la criptovaluta originale, è stata progettata come una forma di denaro digitale che offriva piena proprietà e resistenza alla censura. Tuttavia, durante l'ultimo decennio, poiché l'attività si è dimostrata altamente volatile, BTC probabilmente non è più adatto per i pagamenti. La maggior parte delle volte, ha più senso dal punto di vista degli investimenti mantenere il proprio BTC piuttosto che spenderlo in beni e servizi. Ora ci sono molti altri token di pagamento con funzionalità avanzate come Litecoin (LTC) che elabora le transazioni a un costo inferiore, ad esempio, rispetto a BTC.

Quando si valutano le risorse crittografiche progettate per i pagamenti, è necessario considerare la fattibilità, i costi di transazione e, forse ancora più importante, il grado in cui la moneta è accettata dai commercianti. Una valuta di pagamento non va bene se non puoi usarla ovunque per pagare beni e servizi.

Monete per la privacy

Come sottoinsieme di token di pagamento, ci sono molte monete per la privacy sul mercato con funzionalità avanzate allo scopo di preservare la privacy. I più popolari includono:

- Monero (XMR). È considerata una delle migliori monete per la privacy. Utilizza transazioni codificate per nascondere sia l'importo nelle transazioni che gli indirizzi coinvolti. Gli indirizzi nascosti vengono creati per un utilizzo una tantum per rendere il tracciamento degli individui ancora più complesso.

- Zcash (ZEC). Una moneta per la privacy biforcuta di Bitcoin che utilizza Argomento di conoscenza non interattivo a conoscenza zero (zk-Snarks) che consente ai minatori di verificare le transazioni senza sapere chi è coinvolto.

Si applicano gli stessi criteri di valutazione dei normali gettoni di pagamento, con l'aggiunta dell'affidabilità e della raffinatezza dei meccanismi di tutela della privacy in atto.

Stablecoin

Sebbene le stablecoin siano state originariamente progettate come token di pagamento, la loro applicabilità si è evoluta a tal punto che meritano una sezione a parte.

Le stablecoin ancorate a valute legali come USDT, USDC e GUSD possono essere utilizzate per i pagamenti, ma probabilmente la maggior parte dei trader di criptovalute utilizza queste monete per entrare e uscire da asset crittografici volatili, passando da BTC a USDT quando si aspettano che il prezzo di Bitcoin scenda per esempio.

Le stesse stablecoin vengono utilizzate anche come rampe fiat on e off, consentendo ai nuovi arrivati di acquistare una stablecoin fiat disponibile su uno scambio in modo che possano spostarsi in asset crittografici quando il mercato raggiunge il prezzo giusto.

Nel mondo della DeFi, le stablecoin possono essere utilizzate per molti servizi finanziari diversi come, ad esempio, i prestiti.

Ma sono solo stablecoin ancorati a valute legali. Esistono molti altri tipi di stablecoin come quelli ancorati all'oro o persino alle azioni negoziate nella finanza tradizionale.

Valutando le stablecoin, l'elemento più critico è la stabilità. Con ciò intendiamo la correlazione stabile tra il prezzo della stablecoin e l'asset a cui è agganciata. Se il prezzo dell'oro aumenta, lo stablecoin ancorato deve cambiare con esso. Una rapida occhiata alla cronologia dei prezzi di NuBit, ad esempio, mostra che la moneta non ha mantenuto in modo affidabile un rapporto 1: 1 rispetto al dollaro USA, e poiché ha perso la fiducia degli investitori, la moneta ora non ha più valore.

Gettoni di scambio

I token di scambio sono token nativi creati da uno scambio e possono avere una serie di funzioni speciali.

Ad esempio, dopo il lancio di AAB, il token verrà utilizzato dai trader di criptovalute su AAX per regolare le commissioni di trading con uno sconto, rendere il prestito ancora più attraente e per sbloccare servizi esclusivi.

Altri token di scambio offrono ai clienti la possibilità di partecipare a IEO o persino di ricevere dividendi.

I token di scambio nativi servono a guidare l'attività di scambio e forniscono ai clienti un accesso premium a determinati servizi. In quanto tale, la valutazione del token viene eseguita esaminando lo scambio associato - mercati, liquidità, capacità tecniche, giurisdizioni in cui opera - nonché il tipo di servizi che la moneta sblocca.

Gettoni di utilità

Simili ai token di scambio ma con un'applicazione più ampia, sono semplicemente quelli a cui ci riferiamo come token di utilità. Ethereum (ETH) ne è il miglior esempio. L'ETH viene utilizzato per alimentare tutte le operazioni sulla blockchain di Ethereum, che include l'immenso ecosistema

DeFi. Quando l'ETH viene utilizzato in questo modo, viene indicato come "gas", poiché alimenta le attività. Ad esempio, quando presti USDT tramite un'applicazione DeFi, tale esecuzione incorre in una commissione minore che viene pagata in ETH. I contratti intelligenti sono ciò che rende possibili servizi finanziari decentralizzati, poiché non è più necessaria un'autorità centrale per tenere le cose sotto controllo.

La valutazione di un token di utilità richiede ai trader di guardare l'intero ecosistema che il token alimenta. Ethereum ha visto un enorme aumento dei prezzi alla fine del 2019, poiché più persone sono entrate in DeFi e più ETH sono state bloccate in varie applicazioni DeFi.

Altri elementi fondamentali

Oltre all'utilità del token, devi anche esaminare il protocollo blockchain su cui si basa il token. Questo ti dà un'idea migliore dell'affidabilità e delle capacità tecniche dell'asset crittografico.

Tuttavia, anche se un token ha grandi caratteristiche tecniche, non significa molto in termini di valore se il token non è ampiamente scambiato su numerose borse. Un token necessita di ampia liquidità su più borse per generare un'attività di trading sufficiente per la scoperta del prezzo.

Infine, se una risorsa crittografica è strettamente associata a un gruppo o a un'azienda, è importante che, come trader crittografico, dai un'occhiata a quell'entità. Non si applica a Bitcoin, ad esempio, perché non è coinvolta alcuna autorità centrale, ma se vuoi valutare uno stablecoin come GUSD, dovresti esaminare Gemini, la società che gestisce lo stablecoin USD.

CAPITOLO 9

COME INVESTIRE IN BITCOIN E CRIPTOVALUTE OCULATAMENTE

Sebbene ci siano opinioni divergenti sul Bitcoin e altre criptovalute, questa risorsa è diventata popolare e sta guadagnando una domanda diffusa sia da parte d'investitori individuali che istituzionali. Una cosa è certa: la criptovaluta non sta andando via e sta rapidamente diventando mainstream. Poiché sempre più aziende accettano la criptovaluta e la tecnologia blockchain che ne facilita il funzionamento, potresti inevitabilmente dover apprendere le dinamiche del mondo delle criptovalute e persino considerare di investire in esso.

Ecco cosa devi sapere su questa asset class:

- Qual è criptovaluta?

- Come investire in criptovaluta.

- Cosa considerare prima di investire in criptovaluta.

- Come guadagnare con la criptovaluta.

Cos'è la criptovaluta?

Facciamo un piccolo riassunto: la criptovaluta è qualsiasi valuta digitale, protetta dalla crittografia, che viene utilizzata come mezzo di scambio che consente transazioni peer-to-peer. Le criptovalute non sono gestite da una banca o da un'agenzia pubblica. Invece, le transazioni di token di criptovaluta sono tipicamente registrate su una blockchain pubblica, composta da informazioni digitali archiviate su un database.

La tecnologia blockchain viene utilizzata per mantenere un registro online di tutte le transazioni e fornisce una struttura dati per il registro che è considerato sicuro.

A differenza del denaro fiat (valuta emessa dal governo), che è controllato dalle banche centrali, le criptovalute non richiedono alle banche di verificare le transazioni e sono indipendenti da un'autorità bancaria centrale.

Esistono molte criptovalute diverse, ma il Bitcoin è la più conosciuta. Il suo valore continua a salire, e continuerà a farlo. Altre criptovalute popolari includono Ethereum, Litecoin, Cardano e molte altre.

Sebbene la criptovaluta sia un fenomeno più recente, sta rivoluzionando il sistema finanziario e il modo in cui pensiamo al denaro.

"La criptovaluta è una nuova classe di attività che è alla base della criptoeconomia: un insieme completamente nuovo di servizi finanziari, commercio e pagamenti globali che sarà costruito su questa nuova tecnologia", afferma Max Branzburg, vicepresidente del prodotto presso Coinbase

Come investire in criptovaluta

Ci sono molti scambi di criptovaluta tra cui i trader possono scegliere.

I principianti del trading di criptovaluta potrebbero voler considerare cose come le commissioni di transazione, il tipo di criptovalute disponibili sulla piattaforma, offerte speciali come risorse per l'istruzione e altre funzionalità in linea con i tuoi interessi e obiettivi.

TradeStation, Coinbase, eToro e Gemini, tra gli altri, offrono una piattaforma facile, accessibile e sicura per possedere e negoziare Bitcoin.

Quando investi in criptovaluta, considera il ruolo che giocherà nel tuo portafoglio.

Gli esperti dicono che è meglio adottare un approccio equilibrato per investire in criptovalute. Putra afferma che una piccola porzione compresa tra circa il 2% e il 5% può essere assegnata alla crittografia nel tuo portafoglio d'investimenti perché la volatilità di questo asset può far cambiare drasticamente il suo valore. La criptovaluta è ancora in crescita e in evoluzione. Detto questo, c'è ancora la speculazione, che si traduce in una maggiore volatilità.

Per gli investitori che desiderano utilizzare la criptovaluta come un modo per diversificare il proprio portafoglio, Putra afferma che le criptovalute sono uno degli asset meno correlati ad azioni, obbligazioni e un mix di altre classi di attività.

Gli investitori possono scegliere la criptovaluta come copertura contro l'inflazione. Putra afferma che poiché le obbligazioni non tengono il passo con l'inflazione e non sono più un asset protetto dall'inflazione, puoi rivolgerti ad alcune criptovalute come alternativa alle obbligazioni.

"A causa dei bassi tassi di interesse tra le obbligazioni, c'è un rimescolamento di capitale a livello macro dalle obbligazioni e in altre attività che sono più protette dall'inflazione".

Alcune criptovalute come Bitcoin o Ethereum possono fornire una certa stabilità al tuo portafoglio. "Anche se hanno una certa volatilità, sono protetti dall'inflazione".

Cosa considerare prima di investire in criptovaluta

Investire in criptovalute è molto speculativo.

Nonostante le storie di investitori che guadagnano milioni, investire in un momento inopportuno può comportare perdite rapide ed estreme. All'inizio di aprile 2020, un'unità di Bitcoin veniva scambiata per circa 7.000 euro e la valuta ha più che raddoppiato il suo valore attuale dall'inizio di gennaio.

Sebbene la possibilità di diventare ricco investendo in criptovalute sia allettante, questo mercato è estremamente volatile. Tutto ciò che può salire così rapidamente è anche soggetto a cadute altrettanto gravi.

Un altro rischio: come per qualsiasi mercato, il futuro della criptovaluta non è garantito. Alcuni paesi che consentono l'uso di Bitcoin includono Stati Uniti, Canada e Australia, per citarne alcuni. La Corea del Sud sta spingendo la regolamentazione sulla criptovaluta, mentre la Cina ha sostanzialmente vietato la criptovaluta.

Calcolare il valore intrinseco della criptovaluta può essere più difficile che per una società quotata in borsa, ma conoscere l'asset e come si comporta potrebbe aiutarti a impedire di investire a un picco. Incorporando la conoscenza del settore e sviluppando una comprensione del mercato delle valute digitali, diventerai un investitore di criptovaluta più istruito.

Come fare soldi con la criptovaluta

Esistono diversi modi in cui gli investitori possono aumentare il valore dei loro beni e assicurarsi un profitto quando investono in criptovaluta.

"Puoi ottenere di più dai tuoi soldi con la criptovaluta che con altre risorse tradizionali.

Il primo metodo a cui si punta è lo staking. Lo staking ti consente di guadagnare con le tue criptovalute partecipando alla rete di una determinata risorsa. Quando metti in stake la tua crittografia, rendi la blockchain sottostante di quell'asset più sicura ed efficiente. E in cambio, vieni ricompensato con più risorse dalla rete, come un rendimento che otterresti da un conto di risparmio ma per la criptovaluta.

Alcune criptovalute che offrono ricompense per lo staking includono Ethereum 2.0, Tezos, Algorand e altre su una varietà di scambi.

Un'altra opportunità menzionata da Branzburg è quella di prestare le tue risorse crittografiche per il rendimento.

"Puoi anche prestare le risorse che hai nel tuo portafoglio a protocolli di finanza decentralizzata per generare rendimento ".

Il prestito attraverso la finanza decentralizzata, o DeFi, dice Branzburg, consente agli utenti di "attingere a un pool di liquidità globale". Prestando le tue criptovalute in un mercato monetario decentralizzato, altri utenti hanno accesso a prendere in prestito le tue risorse, permettendoti di generare rendimento da questo processo di prestito. La criptovaluta è un modo nuovo ed entusiasmante di pensare al denaro. Ma gli esperti dicono che il primo e più importante passo è quello di educare te stesso su queste valute digitali emergenti e la tecnologia che utilizza al fine di comprendere i rischi e i benefici.

Investire in criptovaluta nel 2021 può essere piuttosto complicato a causa della natura volatile e dinamica del mercato delle criptovalute. Con la recente rivoluzione nella valuta digitale e la necessità di piattaforme finanziarie digitali per soddisfare le richieste di scambio contemporanee, investire in criptovaluta è uno dei modi più redditizi per guadagnare.

Ecco una guida completa passo passo per investire in criptovalute nel 2021. Vediamo come investire in criptovaluta come principiante.

Inizia con la ricerca

Il primo passo è fare i compiti. Prima di investire nel mercato delle criptovalute, devi iniziare a studiarlo. Se sei un dilettante che entra nella zona per la prima volta, devi prepararti bene per l'esercitazione. Dovresti sapere a cosa ti stai dedicando, quindi inizia con la ricerca di base.

Diverse piattaforme possono essere utili per creare una comprensione fondamentale della criptovaluta . eToro è una di queste piattaforme che può aiutarti a investire in criptovaluta e fornirti una guida passo passo per investire in criptovalute nel 2021. Investire in criptovaluta può essere molto facile se afferri bene la conoscenza di base dei mercati delle criptovalute.

Suggerimenti preliminari

Prima di iniziare a investire in criptovaluta, è necessario considerare i seguenti passaggi:

1. Effettua investimenti in base alla tua convenienza.

2. Evita di prendere prestiti per i tuoi investimenti.

3. Assicurati di aver effettuato accuratamente i tuoi investimenti.

4. Assumiti rischi calcolati

Queste idee concrete ti aiuteranno a creare basi solide per la tua impresa d'investimenti in criptovaluta.

Quanto investire?

La prima domanda che ti viene in mente una volta deciso che inizierai a investire in criptovaluta è quanto dovresti investire come principiante? Non esiste una regola precisa sull'ammontare dell'investimento.

Si consiglia sempre di iniziare in piccolo, facendo piccoli passi un passo alla volta. Poiché Bitcoin è divisibile fino a otto decimali, si dovrebbe cercare di acquistare una piccola frazione su base iniziale.

Acquistare la criptovaluta di tua scelta

Il mercato è in piena espansione con le valute digitali giorno dopo giorno; dovresti esplorare i grafici crittografici per scegliere la criptovaluta in cui sei interessato a investire. Con più di 8000 criptovalute sul mercato con valori volatili e dinamici, può sembrare difficile capire come approcciarsi. I grafici crittografici hanno osservato che i prezzi delle criptovalute hanno fluttuato dinamicamente per l'anno 2020-21. Valute diverse tracciano grafici diversi per i loro valori di mercato ogni secondo. Devi studiare questi grafici per prendere la tua decisione sulla scelta della criptovaluta.

Come principiante, dovresti controllare varie piattaforme che registrano i valori delle criptovalute come regola pratica. Queste piattaforme ti aiuteranno a creare un chiaro schizzo dei valori persistenti delle criptovalute definitive e delle loro competizioni di mercato. eToro può essere una di queste piattaforme per aiutarti a vagliare i valori delle criptovalute. Dopo una ragionevole comprensione, puoi decidere in quale valuta investire.

Alla ricerca di una piattaforma di scambio adatta

Il prossimo passo è scegliere la piattaforma di scambio più adatta. Dovresti scegliere la piattaforma di scambio che si adatta meglio alla scala del tuo investimento, al tipo di criptovaluta e ti facilita nella tua regione. Dovresti provare a trovare una piattaforma di scambio con i valori di scambio più alti per la criptovaluta che hai selezionato. Dovresti considerare la fonte dei tuoi fondi poiché tutte le piattaforme di scambio non ti permetteranno di effettuare depositi di denaro tramite fiat. La maggior parte delle piattaforme t'impedirà di depositare solo sotto forma di Bitcoin.

A questo proposito, dovresti fare una ricerca considerevole e cercare una piattaforma che faciliti l'acquisto tramite fiat; come accennato prima, ogni piattaforma ha i suoi pro e contro. Dovresti scegliere una piattaforma di scambio in base alle tue esigenze personalizzate.

Le piattaforme eminenti includono eToro, Binance, Kraken, Changelly. Prova a cercare una piattaforma di scambio che ti permetta di investire in diverse criptovalute e altcoin, fornendo una portata più ampia. Questo ti aiuterà a diversificare il tuo portafoglio e ad avere un'esposizione su scala maggiore nel mercato delle criptovalute.

Scegliere il portafoglio giusto

Dopo aver investito in criptovaluta, il passo successivo è ottenere un portafoglio digitale o un portafoglio crittografico. Un portafoglio è proprio come l'online banking; ti aiuta a mantenere le tue risorse crittografiche, a scambiarle e a fornirti una piattaforma per organizzarle tutte in un unico posto.

Tipi di portafogli

Esistono diversi tipi di portafogli crittografici a seconda della modalità di funzionamento. I soliti tipi sono:

1. Portafogli caldi

Si tratta di portafogli mobili o desktop che facilitano le transazioni giornaliere delle criptovalute. I portafogli caldi possono essere utili per memorizzare un piccolo numero di valori solo perché aiutano gli scambi quotidiani. I portafogli caldi sono abbastanza sicuri solo per investimenti a breve termine.

2. Portafogli freddi

I portafogli freddi vengono utilizzati per investimenti a lungo termine. Procurati un portafoglio freddo quando prevedi di investire in un periodo più lungo su scala più ampia. I cold wallet non sono connessi in modo proattivo a Internet. I portafogli freddi possono essere ulteriormente divisi in due categorie: portafogli di carta o portafogli hardware.

- **Portafogli hardware** - Un portafoglio hardware; come suggerisce il nome, è un dispositivo che praticamente memorizza la tua criptovaluta in quella dell'hardware. Ci sono un paio di portafogli rigidi sul mercato, come Ledger Nano e Trezor. I portafogli possono essere collegati a Internet. È considerato il modo più sicuro per salvare la tua criptovaluta .

- **Portafogli di carta**: i portafogli di carta sono ricevute cartacee della passkey e dei codici. Sebbene considerati sicuri, i portafogli di carta sono vulnerabili all'usura, allo strappo e alla perdita.

Nozioni di base sull'investimento in criptovaluta come principiante

Ci sono un paio di tattiche di base che possono essere molto utili quando inizi a investire in criptovaluta da dilettante. Questi sono i modi di base per ottenere ritorni ragionevoli sugli investimenti nella tua criptovaluta.

1. Crypto CFD

Un contratto di differenza o CFD è uno strumento per il trading di investimenti che rientrano nel margine T + 0. Questo aiuta con investimenti rischiosi che dimostrano un'elevata leva finanziaria con un deposito basso. Aiuta anche a controllare le criptovalute senza nemmeno acquistarle.

Giorno di negoziazione

Questo tipo di strategia di trading richiede, facendo scambi di criptovalute più volte al giorno. A causa della natura volatile delle criptovalute, questo tipo di scambi di criptovalute può aiutarti a iniziare su base stardard.

Il day trading può creare un esercizio per controllare costantemente i mercati delle criptovalute e darti una comprensione completa dei mercati delle criptovalute come principiante. Diverse piattaforme come eToro e Coincap possono aiutarti nel trading giornaliero.

2. Estrazione di Bitcoin

Un altro investimento molto intelligente può essere il Bitcoin Mining. L'estrazione mineraria è una forma diversa d'investimento. Inizialmente, potresti trovare difficile realizzare profitti Mining Bitcoin, ma è più redditizio in termini di lunga durata.

3. Arbitraggio

In questa forma d'investimento, l'investitore acquista una criptovaluta da uno scambio e la vende a un altro. È abbastanza istantaneo ma non molto redditizio rispetto ad altri modi di investire in criptovalute.

4. Crypto Faucets

Un altro metodo molto efficace per investire in criptovalute sono i rubinetti crittografici nel caso in cui tu stia cercando di ottenere profitti da investimenti su piccola scala. I Crypto Faucets possono essere definiti in termini di rubinetti gocciolanti di alcuni siti web che realizzano una quantità limitata di criptovalute durante un certo lasso di tempo. Diverse piattaforme possono aiutarti a mettere in pratica questi metodi d'investimento in criptovaluta. Puoi scegliere il tuo in base alle tue esigenze e alla portata degli investimenti.

Creare la tua miscela d'investimento

Devi creare la tua miscela per il trading di criptovalute. Cambiare le tue strategie per investire in criptovaluta in base ai tuoi investimenti e alla scala contemporanea delle derive del mercato è cruciale. La cosa migliore a questo proposito è studiare molto da vicino i modelli dei mercati crittografici. Più comprendi il mercato delle criptovalute, maggiori saranno i tuoi profitti. Alcune considerazioni durante la creazione del tuo mix crittografico possono essere le seguenti:

1. Scelta delle criptovalute

Scegli le tue criptovalute con saggezza. Scegli le criptovalute che sono volatili e tendono a creare profitti in modo coerente. Decidi in base alla tua convenienza e alla soglia di rischio.

Scambi e richieste

Cerca continuamente le richieste di diverse criptovalute nei mercati. Studia i grafici della domanda e dell'offerta per la criptovaluta definitiva. Prima di investire in criptovaluta, dovresti studiare l'andamento competitivo del mercato delle criptovalute. Questo ti aiuterà a fare scelte più intelligenti sull'investimento in criptovaluta .

2. Durata del commercio e categorizzazione dei fondi

Dovresti scegliere una certa durata per diversi tipi d'investimenti in criptovalute .

A lungo termine

Gli investimenti possono essere a lungo termine per un periodo di tempo più lungo. Questi possono essere fatti per criptovalute meno volatili che hanno grafici meno ripidi.

A breve termine

Gli investimenti a breve termine tendono ad essere volatili e vengono effettuati per criptovalute che mostrano valori dinamici.

Medio termine

Un altro approccio può essere un investimento medio. Questi tipi d'investimenti possono essere fruttuosi per assumersi un rischio calcolato mentre s'investe nella valuta come dilettante.

Gli specialisti suggeriscono di investire in criptovaluta in modo prospettico in base alle richieste del mercato.

3. Strategie di investimento di base

Ci possono essere un paio di strategie di investimento che possono aiutarti inizialmente a investire in criptovaluta.

Azionario lungo / corto

In questo tipo, il finanziatore dovrebbe verificare se la criptovaluta è sottovalutata o sopravvalutata e di conseguenza posizionarla nei gradi di investimento a lungo o breve termine. Giuste considerazioni comportano conseguenti guadagni e perdite.

Market Neutral

Negli investimenti neutrali sul mercato, metti metà dei tuoi investimenti in attività a lungo termine e l'altra metà a breve termine. L'idea è quella di ottenere un guadagno neutrale rispetto al mercato ottenuto dai guadagni totali dei tuoi investimenti.

Macro globale

Questa tecnica enfatizza quanto segue le tendenze del mercato. Si tratta d'investimenti piuttosto a breve termine.

4. Gestione del rischio

Mentre si investe in criptovaluta, l'attributo più importante da considerare è la gestione del rischio. Dovresti cercare da vicino i fattori che influenzano i grafici del rischio del tuo investimento. Assicurati di essere consapevole dei limiti di rischio che puoi permetterti. Anche l'utilizzo di uno strumento di gestione del rischio per questo scopo può essere un approccio intelligente.

Principio di Pareto

Il principio di Pareto della regola 80/20 è applicabile anche nei mercati delle criptovalute. Quando investi in criptovaluta, dovresti sapere che i migliori investimenti fanno le quote più alte dei tuoi ricavi.

Segui i mercati crittografici

Dopo aver completato tutti i passaggi precedenti, ora dovresti osservare attentamente i mercati delle criptovalute. Assicurati di tenerti aggiornato con le ultime tendenze del mercato. Cerca le varie capitali di mercato di ciascuna criptovaluta. Ogni criptovaluta avrà rispettivamente il suo capitale di mercato basso, alto o medio.

Punti chiave

- *È molto importante studiare e comprendere le criptovalute prima di investire.*
- *Assicurati di essere consapevole dei rischi imminenti nel mercato delle criptovalute e di avere una profonda comprensione di ciò in cui ti stai cacciando.*
- *La decisione, quanto investirai, dovrebbe essere basata sull'entità dell'investimento che sei disposto a realizzare.*
- *I passaggi preliminari dell'investimento in criptovaluta includono la scelta della criptovaluta, ottenere una piattaforma per il commercio e ottenere un portafoglio crittografico.*
- *Esistono quattro tipi di portafogli per conservare le tue monete: portafogli caldi, portafogli freddi, portafogli hardware e portafogli di carta.*
- *Puoi scegliere varie strategie per investire in criptovaluta in base alla domanda del mercato delle criptovalute.*

- *Esistono cinque forme principali di investimento in criptovaluta: criptovaluta CFD, day trading, estrazione di Bitcoin, arbitraggio e criptovaluta.*

- *Quando s'investe, scegliere le criptovalute che sono volatili e tendono a creare profitti in modo coerente.*

- *Il principio di Pareto della regola 80/20 nella criptovaluta significa che quando stai investendo in criptovaluta, dovresti sapere che i migliori investimenti li faranno le quote più alte delle tue entrate.*

CAPITOLO 10

COME TENERE AL SICURO LE CRIPTOVALUTE - CHIAVETTE / WALLET

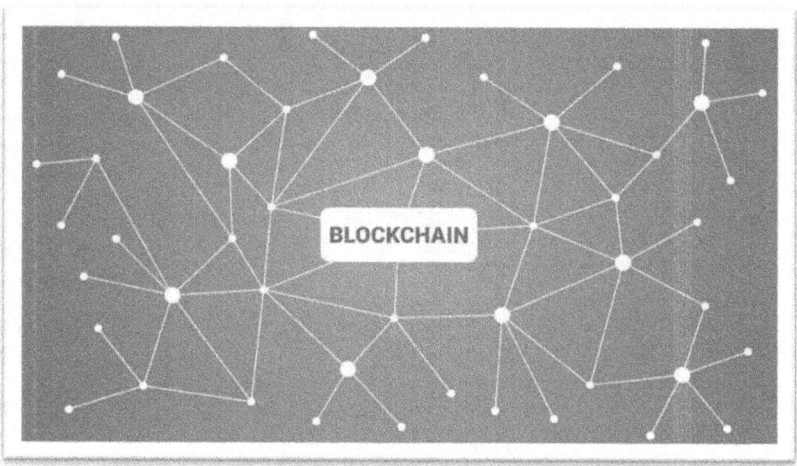

Un vantaggio chiave della tecnologia blockchain e delle criptovalute è che è davvero difficile hackerare o manipolare la rete peer-to-peer decentralizzata e sicura.

- Aumenta drasticamente la sicurezza del tuo computer senza spendere soldi

- Inizia valutando il tuo comportamento come utente

- Aggiornamenti, backup e password sicure sono fondamentali per garantire la sicurezza

In questo capitolo imparerai come proteggere il tuo computer o smartphone e ridurre al minimo il rischio di perdere le tue criptovalute.

Quindi, le minacce più pressanti per quanto riguarda i problemi di sicurezza non provengono dalla tecnologia blockchain o dalle criptovalute come Bitcoin stesse, ma nei luoghi in cui le gestiamo: i nostri smartphone, computer e laptop; i luoghi in cui archiviamo portafogli e chiavi per criptovalute e sui siti Web che utilizziamo per acquistare o vendere criptovalute. In altre parole, qualsiasi cosa tu usi come una sorta di "ponte" per connetterti a una rete basata su blockchain è soggetta al rischio di un hack. Leggi i nostri suggerimenti di seguito per proteggerti da tali vulnerabilità.

- **Siiprudente**

Si dice che siano le persone, gli esseri umani come te e noi, l'anello più debole nella sicurezza informatica. Nonostante una vasta gamma di misure di sicurezza a nostra disposizione, dobbiamo tutti rimanere cauti e sviluppare un sano senso di giudizio riguardo a fonti e strumenti affidabili. Questo vale per tutto ciò che riguarda Internet, ma è ancora più importante quando si tratta di criptovalute. E se ciò non bastasse, c'è anche il fatto che sono coinvolti soldi e che i tuoi beni possono essere rubati nel regno digitale senza che tu te ne accorga. Ci sono una serie di pratiche e abitudini che consigliamo di diventare routine seria, al fine di garantire la massima sicurezza delle tue risorse nel regno crittografico.

- **Pratica abitudini informatiche sicure**

Poiché tutti noi amiamo una rete wi-fi gratuita, potremmo essere tentati di accedere ovunque ne abbiamo la possibilità. Tuttavia, prima di accedere a una rete che non conosci, assicurati che sia sicura. Reti e siti Web non sicuri e imprecisi possono comportare seri rischi per qualsiasi portafoglio che tieni sul telefono o sul computer e quindi per i tuoi fondi. In genere si consiglia di mantenere le risorse offline. Se devi tenere un portafoglio sul tuo smartphone o computer, assicurati che sia crittografato e contenga solo una quantità minima di fondi.

- ***Inutile dire che dovresti usare un indirizzo email non pubblico.***

- Non lasciare mai il tuo smartphone o computer incustodito e non prestarli a nessuno.

- Assicurati inoltre di rimuovere tutti i fondi dai portafogli sui tuoi dispositivi prima di farli riparare.

- **Mantieni aggiornato il tuo software**

Questa è una regola piuttosto semplice ma importante da ricordare: mantieni aggiornato tutto il tuo software ed esegui gli aggiornamenti non appena diventano disponibili. Il malware spesso sfrutta i punti deboli delle versioni precedenti di software e sistemi operativi, quindi è fondamentale essere preparati.

Ti consigliamo vivamente di fare dell'aggiornamento del software un'abitudine. Ad esempio, potresti definire un giorno specifico e aggiornare tutti i tuoi dispositivi il venerdì.

Tuttavia, non abilitare gli aggiornamenti automatici per le applicazioni crittografiche. Le nuove versioni rilasciate possono contenere bug. Pertanto, è meglio attendere alcuni giorni per vedere se un'applicazione funziona correttamente prima di installarla sul tuo smartphone o computer. Ciò si estende agli aggiornamenti del firmware consigliati dalle società blockchain di cui utilizzi i servizi.

- **Utilizza un gestore di password crittografato**

Anche come utente Internet medio probabilmente hai già creato centinaia di account per i numerosi servizi che utilizzi online. E siamo onesti: probabilmente usi la stessa password per il tuo account di posta elettronica, i piccoli negozi online e il tuo servizio di streaming musicale preferito. Quindi, se qualcuno scopre questa password, avrà accesso a tutti i tuoi account.

Esiste una soluzione alternativa semplice per questo problema: assicurati di generare e utilizzare password univoche, una diversa per ogni servizio. Non è necessario preoccuparsi: non è necessario memorizzare dozzine o addirittura centinaia di password. L'utilizzo di password univoche è effettivamente facile. Devi solo archiviarli tutti in un gestore di password crittografato, come LastPass o Dashlane.

Assicurati di impostare subito il tuo gestore di password crittografate per rendere la gestione delle password sicura e conveniente.

Assicurati di generare e utilizzare password univoche, una diversa per ogni servizio.

- **Attiva l'autenticazione a due fattori (2FA) ovunque puoi**

Un altro modo per scongiurare in modo significativo il rischio che i tuoi account e le tue risorse vengano compromessi è utilizzare l'autenticazione a due fattori, chiamata anche "autenticazione a due vie" o 2FA in breve, quando possibile. Che si tratti del tuo account Google o di qualsiasi servizio che coinvolga la gestione delle criptovalute, questa tecnologia è a basso costo e facile da implementare aggiungendo un ulteriore livello di sicurezza.

Dopo aver scaricato un'app di autenticazione sul tuo telefono cellulare e aver abilitato l'autenticazione a due fattori per servizi o applicazioni, ti verrà chiesto di inserire un codice di sei cifre oltre alla tua password ogni volta che accedi. Quindi scarica la tua app di autenticazione, guarda tutti i servizi, le app e i portafogli pertinenti che stai utilizzando e attiva 2FA. È un piccolo passo che fa un'enorme differenza.

L'attivazione di 2FA su tutti i servizi, le app e i portafogli pertinenti che stai utilizzando è un piccolo passo che fa un'enorme differenza.

Per motivi di praticità o opportunità, potresti essere tentato di non utilizzare un portafoglio hardware e di archiviare le tue risorse online. Per quanto comodo possa essere, ti sconsigliamo di archiviare risorse digitali online. Assicurati di prendere subito l'abitudine e di utilizzare sempre un portafoglio hardware.

Al momento, consigliamo solo portafogli hardware di due produttori: Trezor o Ledger. Questi due produttori sono entrambi di lunga data nel regno delle criptovalute e migliorano continuamente le caratteristiche tecnologiche dei loro prodotti.

Scegli una piattaforma affidabile per acquistare o vendere criptovalute

La scelta della piattaforma più adatta per le tue transazioni di asset digitali è fondamentale per garantire la massima sicurezza e convenienza. Una volta che hai deciso di entrare nelle criptovalute, una parte integrante della configurazione è la ricerca delle migliori piattaforme online per scoprire quale è la più adatta a te.

Il numero apparentemente infinito di piattaforme là fuori che competono per la tua attenzione e il tuo business potrebbero sembrare travolgenti. Tuttavia, ci sono una serie di fattori che ti aiutano a restringere le tue opzioni.

Vuoi cercare una piattaforma che operi in un ambiente sicuro e regolamentato con un team esperto. La piattaforma dovrebbe fornire liquidità sufficiente, volumi ragionevoli e impiegare tecnologia e sicurezza all'avanguardia, offrendo ai clienti un'interfaccia intuitiva e di facile utilizzo. Desideri anche che la piattaforma di tua scelta supporti le valute legali e le criptovalute, in modo da fornire un'assistenza clienti internazionale affidabile.

Bitpanda è la piattaforma più innovativa in Europa per le risorse digitali con sede a Vienna, in Austria, per principianti ed utenti esperti. La piattaforma offre un accesso rapido, sicuro e conveniente all'acquisto e alla vendita di risorse digitali, nonché una vasta gamma di opzioni di pagamento. Bitpanda Global Exchange offre le commissioni più basse del settore per trader e istituzioni professionali insieme a un gran numero di coppie di trading ed è disponibile in 54 paesi in tutto il mondo.

- **Evita i single point of failure e diversifica i rischi**

In termini di sicurezza, ogni singolo punto di errore o attacco è dannoso. Un singolo punto di errore (SPOF) è definito come un componente di un sistema che interrompe il funzionamento dell'intero sistema in caso di errore. Ciò significa che non dovresti creare un backup ma più backup (ad esempio, su diverse chiavette USB), più portafogli e più password.

È qui che vogliamo ripetere ancora una volta l'importanza dei portafogli hardware. Non fidarti di nulla che abbia una connessione costante a Internet o anche una connessione costante al tuo computer. Nonostante abbiamo appena menzionato la scelta di una piattaforma affidabile per l'acquisto e la vendita delle tue criptovalute: fai trading online ma non archiviare online.

Se fai trading su uno scambio, hai bisogno di alcuni fondi che rimangono sullo scambio per stabilire la liquidità. Tuttavia, decidi quanto ti serve veramente per fare trading rispetto a quanto potresti voler scambiare. Non vuoi che tutte le tue partecipazioni crittografiche si trovino in un portafoglio di scambio se lo stesso subisce un attacco da parte di hacker. Anche lo scambio più rispettabile può essere a rischio di essere violato.

Non fidarti di nulla che abbia una connessione costante a Internet o anche una connessione costante al tuo computer.

Usa un portafoglio hardware o, meglio ancora, portafogli hardware, per archiviare i tuoi fondi senza essere connesso a Internet per eliminare il rischio di perdere fondi quando uno scambio viene violato.

Prendi l'abitudine di mettere in pratica queste misure di sicurezza e pianifica i controlli di tutte su base regolare per assicurarti che tutti i tuoi rapporti nello spazio crittografico siano ciò che dovevano essere: veloci, sicuri e privati.

Una delle qualità distintive della criptovaluta è la sua virtualità. A differenza della maggior parte delle altre forme di valuta, le criptovalute non hanno incarnazione fisica. Non puoi ottenerlo come carta, moneta, lingotto d'oro o perlina. Non c'è nessun gettone che debba essere rinchiuso in un caveau di una banca o seppellito sotto un materasso.

Ma come qualsiasi cosa di valore, la criptovaluta deve essere protetta. Esiste come entità nativamente digitale che richiede una connessione Internet per qualsiasi transazione e questa connessione lo rende vulnerabile all'hacking. In effetti, nonostante la sua natura eterea, è suscettibile al saccheggio almeno quanto denaro o oro. E con la criptovaluta, è probabile che queste violazioni arrivino da remoto.

I portafogli predefiniti delle borse valori sono rischiosi

Molti nuovi arrivati acquistano criptovaluta da uno scambio, come Coinbase o BitFlyer, e lasciano le loro partecipazioni nei portafogli "custoditi" di quei siti. Ma come qualsiasi altra entità online, gli scambi sono vulnerabili all'hacking e, essendo il crocevia per molti miliardi di dollari di transazioni ogni giorno, rappresentano obiettivi particolarmente attraenti. I racconti ammonitori del Monte. Gox, che nel 2014 ha "perso" 750.000 bitcoin dei suoi clienti; NiceHash, che è stato derubato di $ 60 milioni a dicembre 2017; e una recente chiamata ravvicinata su Binance mostra i rischi associati al lasciare le tue monete nel portafoglio online di uno scambio.

Conservazione a freddo contro portafogli caldi

La saggezza convenzionale dice che se hai più valuta virtuale di quella che ti sentiresti a tuo agio di portarla con te, o se intendi tenerla come investimento a lungo termine, dovresti tenerla in un portafoglio hardware. Potrebbe essere un computer disconnesso da Internet o un'unità USB.

Dedicare un computer per archiviare la tua criptovaluta o sborsare per un portafoglio hardware non è un'opzione per tutti.

Tre tipi di portafogli software

La funzione principale di un portafoglio di criptovaluta è memorizzare le chiavi pubbliche e private necessarie per condurre una transazione sulla blockchain. Molti offrono anche funzionalità come lo scambio di valuta integrato. Esistono tre tipi principali di portafogli software - desktop, online e mobile - e ognuno offre una diversa combinazione di comodità e sicurezza.

I portafogli desktop sono software che installi sul tuo computer. Ti danno un sacco di controllo sulle tue risorse ma, se connesso a Internet, rimangono vulnerabili. Un'infezione da malware, il controllo remoto del tuo computer o, anche se non sei online, un guasto del disco rigido potrebbero essere una catastrofe.

I portafogli online sono ospitati su un sito Web.

I portafogli delle app mobili . poiché le tue chiavi di crittografia sono memorizzate sul tuo telefono, perdi le tue monete se perdi il tuo dispositivo. Hai pensato che fosse un peccato lasciare il telefono in ufficio o in palestra? Immagina quanto sarebbe brutto se avesse migliaia di euro di criptovaluta bloccati su di esso.

FONDAMENTI DI SICUREZZA

Che tu scelga un hardware, software o un portafoglio cartaceo per gestire le tue password e chiavi private, ci sono alcune cose che puoi fare per mantenere la tua scorta più sicura. Questi includono:

- Fai molta attenzione con qualsiasi servizio online: qualsiasi dispositivo connesso a Internet è vulnerabile

- Crittografa il tuo portafoglio con una password complessa

- Esegui backup regolari e archiviali in più posizioni

- Usa la sicurezza multisignatura, che aiuta a mantenere il controllo delle tue monete anche se uno dei tuoi dispositivi è compromesso

- Genera, annota e nascondi il seme mnemonico del tuo portafoglio: un gruppo di parole che puoi utilizzare per ripristinare il tuo portafoglio in caso di guasto hardware

Alcune opzioni del portafoglio software

Daremo una visione di alto livello di alcuni ben noti portafogli software per fornire una panoramica delle diverse caratteristiche e dei compromessi da considerare.

Nota: sono disponibili molte opzioni di portafoglio e non abbiamo testato in modo completo tutte quelle esistenti. Guardiamone qualcuno.

Jaxx

Un portafoglio online versatile, Jaxx può essere installato su un computer (Windows, Mac o Linux), aggiunto come estensione al browser Web Chrome o scaricato come app su un telefono o tablet Android o Apple. Oltre ad aiutarti a memorizzare dozzine di criptovalute, il supporto di Jaxx per l'API ShapeShift semplifica lo scambio di monete, ad esempio Litecoin per Ether, direttamente all'interno del portafoglio. I tassi di cambio di ShapeShift non sono sempre bassi come quelli che troverai nelle principali borse e applicano una commissione di transazione (o "commissione miner"), che era di circa 40 centesimi sulla transazione da Bitcoin a Ether. Jaxx offre ai principianti un facile percorso verso monete alternative che non sono ancora supportate da Coinbase o Bittrex.

MetaMask

Super semplice da installare e utilizzare, MetaMask è uno specialista, che supporta solo token ERC20, ovvero qualsiasi criptovaluta costruita sulla piattaforma Ethereum. La buona notizia: ci sono circa 50.000 token (e progetti) costruiti su Ethereum, che rappresentano circa il 90% della capitalizzazione di mercato totale delle criptovalute, che era più di 200 miliardi di euro al momento della scrittura, secondo CoinMarketCap.com. MetaMask può essere utilizzato per inviare, ricevere e archiviare token Ethereum e chiavi private. Tutti i dati vengono crittografati e archiviati localmente, rendendo difficile per gli sviluppatori o per chiunque altro rubare le tue chiavi o monete da remoto. E, oltre alle sue capacità di archiviazione e transazionali, l'estensione MetaMask collega la maggior parte dei browser web (Chrome, Firefox, Opera e Brave) con il crescente universo di applicazioni decentralizzate, note anche come dApp, costruite sulla piattaforma Ethereum.

Exodus.io

Il portafoglio software Exodus è un buon portafoglio entry-level per i nuovi arrivati in criptovaluta. È noto per un'assistenza clienti reattiva, un'abbondante documentazione utente e un design e un'interfaccia raffinati. Può contenere dozzine di monete ed è stato il primo portafoglio a supportare Shapeshift. Non esiste ancora un'app mobile, tuttavia, ed Exodus non offre l'autenticazione a due fattori o l'indirizzamento multisignature, il che ti dà il potere di richiedere l'approvazione da più dispositivi prima di finalizzare una transazione. Questo potrebbe dare una pausa ai possessori di monete attenti alla sicurezza.

Mycelium

Uno dei primi portafogli mobili, Mycelium ha da allora stabilito una solida reputazione come un modo sicuro e intuitivo per archiviare bitcoin (e, finora, solo bitcoin). Come ogni portafoglio credibile, ti consente di generare un set di 12 "parole iniziali" che ti aiuteranno a ripristinare il portafoglio se perdi l'accesso alle tue chiavi private. Non esiste un'interfaccia desktop, ma può essere utilizzata in tandem con una soluzione di conservazione a freddo, gestendo i tuoi account su un dispositivo hardware come Trezor o Ledger. Invece di utilizzare ShapeShifter, Mycelium gestisce la propria piattaforma di scambio basata sulla reputazione, che aiuta a coordinare gli scambi di bitcoin tra acquirenti e venditori. Le transazioni comportano una commissione che varia da circa 70 centesimi a 7 euro circa a seconda della priorità impostata, ovvero la velocità con cui desideri che venga confermata e aggiunta alla blockchain.

Ricorda: fai le tue ricerche prima di installare o utilizzare una qualsiasi di queste tecnologie di portafoglio o di fare trading o investire in qualsiasi criptovaluta.

CAPITOLO 11

COME DIFENDERSI DAI TRUFFATORI DELLE CRIPTOVALUTE

Dozzine di nuove criptovalute vengono lanciate ogni mese e insieme a queste arriva una serie di offerte iniziali di monete (ICO). L'appetito di un ampio pool d'investitori per queste opportunità è cresciuto, nonostante il fatto che le criptovalute siano state maltrattate nel 2018. Dopotutto, se gli investitori hanno dimostrato di essere disposti a gettare denaro verso una criptovaluta altamente speculativa, sembrano avere la stessa probabilità di investire in token fraudolenti o ICO.

Per l'investitore di criptovaluta che cerca di sfruttare al meglio la serie di nuove opportunità d'investimento rimanendo al sicuro da ICO fraudolenti e monete e gettoni imprecisi, la prospettiva può essere scoraggiante. Sebbene non vi sia alcuna garanzia che qualsiasi avvio relativo a criptovaluta o blockchain sarà legittimo o di successo, i passaggi descritti di seguito possono aiutarti a essere il più sicuro possibile di non cadere in una truffa.

Punti chiave

- ICO fraudolenti, monete e gettoni abbozzati abbondano, ma ci sono molti modi per aiutarti a evitare queste potenziali truffe.
- Uno dei modi migliori per proteggersi è ricercare a fondo i singoli membri del team di un progetto prima di investire.

- Una criptovaluta o white paper ICO è il documento fondamentale per quel progetto. Le aziende che non offrono white paper dovrebbero essere evitate a tutti i costi. Assicurati di leggere e analizzare attentamente il white paper.

- Qualsiasi ICO dipenderà da un token o da un sistema di valuta per facilitare il processo di crowdfunding. Le società e gli sforzi legittimi rendono il sistema stesso e l'avanzamento della vendita di token facili da visualizzare per i potenziali investitori. Guarda i dati sulla vendita di token per l'ICO nel tempo.

- Nel complesso, sii estremamente cauto mentre cerchi nuove opportunità di investimento negli spazi ICO e criptovaluta.

Conosci la squadra

Forse il fattore di successo più importante per qualsiasi ICO o criptovaluta sono gli sviluppatori e il team amministrativo dietro il progetto. Lo spazio delle criptovalute è dominato da nomi importanti, con sviluppatori superstar come il fondatore di Ethereum Vitalik Buterin in grado di realizzare o rompere nuovi progetti semplicemente facendo elencare i loro nomi in un team di sviluppo. Per questo motivo, è sempre più comune per i truffatori inventare falsi fondatori e biografie per i loro progetti.

La migliore protezione contro questa tattica fraudolenta è ricercare a fondo i singoli membri del team di un progetto prima di investire. È un brutto segno, ad esempio, se non riesci a trovare alcuna informazione su un particolare sviluppatore o fondatore su LinkedIn o altri social media. Anche se i profili esistono, controlla se la loro attività sembra corrispondere al numero di follower e Mi piace che accumulano. Gli individui che interagiscono raramente con i propri follower e tuttavia hanno migliaia di fan potrebbero non essere reali. Oltre a determinare se il team di sviluppo è reale, è importante fare uno sforzo per vedere se le loro qualifiche sono all'altezza. I fondatori hanno l'esperienza che affermano di avere? È rilevante per il progetto attuale a portata di mano?

Whitepaper

Una criptovaluta o white paper ICO è il documento fondamentale per quel progetto. Il white paper dovrebbe definire il background, gli obiettivi, la strategia, le preoccupazioni e la tempistica per l'implementazione di qualsiasi progetto relativo alla blockchain. I white paper possono essere incredibilmente rivelatori: le aziende che hanno un sito web appariscente possono rivelare di non avere un'idea fondamentalmente solida. D'altra parte, un'azienda con un sito Web contenente errori di ortografia può avere un white paper che indica un concetto solido e un piano d'implementazione attentamente concepito.

Il primo passo verso l'analisi di un white paper è leggerlo in modo molto approfondito. Controlla se il white paper ha anche risorse gratuite, inclusi modelli finanziari, problemi legali, analisi SWOT e una tabella di marcia per l'implementazione.

Le aziende che non offrono white paper dovrebbero essere evitate a tutti i costi. Tuttavia, è possibile per un'azienda fraudolenta presentare un white paper convincente, come nel caso di PlexCoin; questa società è riuscita a raccogliere oltre 15 milioni di euro prima che la Securities and Exchange Commission (SEC) degli Stati Uniti intervenisse per chiuderla. Un white paper dovrebbe rispondere a tutte le domande che un potenziale investitore potrebbe avere su ciò che distingue questo particolare progetto dai suoi concorrenti, come mira ad avere successo e le misure che adotterà per raggiungere i suoi obiettivi.

Guarda la vendita di token

Qualsiasi ICO dipenderà da un token o da un sistema di valuta per facilitare il processo di crowdfunding. Le società e gli sforzi legittimi rendono il sistema stesso e l'avanzamento della vendita di token facili da visualizzare per i potenziali investitori. Cerca i dati sulla vendita di token mentre l'ICO è in corso. Meglio ancora, guarda la vendita di token nel tempo per vedere come sta procedendo. Se un'azienda rende difficile per chiunque tracciare i progressi della sua ICO, questa è una grande bandiera rossa. Alcuni ICO truffa nascondono i progressi della vendita di token con la scusa di indirizzi di contributi individuali; questo impedisce ai potenziali investitori di vedere esattamente quanto è stato raccolto e quanto tempo rimane nella vendita. In alcuni casi, questo potrebbe essere uno sforzo per generare un senso di urgenza tra i potenziali investitori, anche se non ci sono prove di una vendita di successo in corso allo stesso tempo.

Quanto è fattibile il progetto?

Anche se può sembrare ovvio, le ICO e le criptovalute con le maggiori possibilità di successo sono quelle che hanno la struttura fondamentale per sopravvivere ai loro concorrenti. Molti lanci, anche quelli altamente pubblicizzati, sono scoppiati dopo che l'interesse iniziale è svanito. La tua migliore possibilità di un investimento di successo si basa su un'azienda che abbia una serie di obiettivi realizzabili. L'azienda dovrebbe avere un concetto convincente per il momento, ma deve anche essere in grado di portare avanti quel concetto in esecuzione sia a breve che a lungo termine.

Accanto alla questione della fattibilità c'è la questione della trasparenza. Le aziende che hanno concetti e modelli eccezionali hanno maggiori probabilità di altre di voler essere il più trasparenti possibile con la comunità più ampia.

Cerca aziende che mirano a mantenere aggiornati i potenziali investitori con rapporti regolari e dettagliati sui progressi su un sito Web aziendale o sui social media. È anche utile verificare se un'azienda ha una sequenza temporale anche per ciò che è avvenuto nel processo di sviluppo.

Attenzione all'esercizio

Anche le ICO e le criptovalute di maggior successo vengono criticate per essere alimentate da investimenti speculativi. L'idea di arricchirsi rapidamente con un investimento in un nuovo progetto caldo è abbastanza allettante da attirare investitori esperti e principianti in aree rischiose. Tieni d'occhio la cautela mentre cerchi nuove opportunità d'investimento negli spazi ICO e criptovaluta. Tieni presente che i progetti che sembrano troppo belli per essere veri probabilmente non lo sono. Dedica del tempo a esaminare ogni dettaglio e presumi che l'assenza di un'informazione cruciale possa essere un tentativo di nascondere un modello o un concetto non corretto. Cerca fonti esterne per verificare la legittimità di qualsiasi progetto prima di effettuare un investimento e fai sempre domande a cui non riesci già a trovare le risposte. La criptovaluta e gli spazi ICO offrono enormi opportunità per gli investitori che hanno fatto i compiti e sono in grado di prendere decisioni d'investimento sane. Presentano anche insidie, che possono portare alla perdita di grandi quantità di denaro a causa di truffe, frodi o persino attività legittime che sono semplicemente progettate male e difficilmente avranno successo.

CAPITOLO 12

SOFT E HARD FORK: SIGNIFICATO E DIFFERENZE

Ormai sai già che nessun gruppo ha il controllo completo su una rete blockchain. Ogni utente in una rete blockchain è in grado di partecipare, purché segua un meccanismo definito noto come algoritmo di consenso. Tuttavia, cosa succede se questo algoritmo dovesse essere modificato?

- L'algoritmo di consenso dietro una blockchain è la base di una rete decentralizzata per mantenere un registro pubblico delle transazioni senza richiedere una terza parte

- I fork risultano se l'algoritmo di consenso dietro una blockchain viene modificato

- Si verifica un hard fork se una nuova blockchain si separa permanentemente dalla blockchain originale: tutti gli utenti della rete devono aggiornare il proprio software per continuare a partecipare

- Il fork Bitcoin Cash della blockchain originale di Bitcoin è l'esempio più conosciuto di hard fork

- Un soft fork è una divergenza che si verifica se alcuni miner seguono ancora la vecchia versione di una blockchain mentre alcuni seguono la nuova versione

- Segwit era un soft fork della blockchain di Bitcoin che illustra come un soft fork può essere implementato con successo, mantenendo intatto lo stato della rete

In questo capitolo imparerai a conoscere i fork in una rete blockchain.

Cos'è un fork?

Fondamentalmente, quando una blockchain si divide in due, questo viene chiamato "fork". Esistono diversi tipi di fork: la più importante è la rigida, la morbida e la temporanea. Sia le rigide che quelle morbide sono importanti per il funzionamento continuo e per l'efficace governance del settore blockchain. In alcuni progetti blockchain, gli aggiornamenti del protocollo sotto forma di hard fork sono stati stabiliti dal momento del lancio del progetto. Sia le hard che quelle soft sono importanti per il funzionamento continuo, nonché per l'efficace governance del settore blockchain.

Forks di Bitcoin

Un hard fork è una modifica del protocollo che richiede a tutti i nodi di rete di aggiornare il proprio software alla versione più recente per continuare a partecipare alla rete. I nodi nella nuova versione della blockchain non accettano più le regole della vecchia blockchain, solo le nuove regole. La nuova blockchain diverge in modo permanente dalla vecchia versione della blockchain. Pertanto, un hard fork crea due blockchain che esistono fianco a fianco e ogni blockchain ha il proprio software di protocollo. Prendi l'esempio della rete Bitcoin. Poiché il Bitcoin continuava ad attirare più utenti, le transazioni nella rete divennero più costose. Alcuni membri della comunità hanno iniziato a esaminare il motivo per cui ciò stava accadendo. La conclusione a cui sono giunti è stata che il processo di aggiunta di blocchi da parte di Bitcoin alla sua blockchain doveva essere reso più efficiente.

UN HARD FORK CREA DUE BLOCKCHAIN CHE ESISTONO FIANCO A FIANCO E OGNI BLOCKCHAIN HA IL PROPRIO SOFTWARE DI PROTOCOLLO.

Il problema era che con il passare del tempo l'intera comunità, inclusi minatori, sviluppatori e utenti regolari, sembrava non essere d'accordo sulla soluzione migliore per realizzare questo cambiamento. Dopo diversi anni di discussioni, sono emerse due scuole di pensiero dominanti. La prima idea per un aggiornamento nel protocollo divenne nota come "Segregated Witness", o " SegWit " in breve. I sostenitori dell'altra parte credevano che il modo migliore per rendere Bitcoin più efficiente o " ridimensionarlo " fosse aumentare la dimensione massima del blocco.

SegWit: un soft fork della blockchain di Bitcoin

Coloro che hanno sostenuto la proposta chiamata "SegWit" credevano che non fosse necessario aumentare per sempre la dimensione del blocco di Bitcoin. Pensavano che questo avrebbe causato problemi di ridimensionamento; avresti bisogno di molte risorse hardware per eseguire un nodo. Ancora più importante, credevano nel limite di dimensione del blocco di un megabyte che Satoshi Nakamoto aveva aggiunto al Bitcoin nel 2010. Per rimanere in linea con la visione di Nakamoto, questo gruppo ha lavorato per trovare un modo per consentire più transazioni per blocco mantenendo la stessa dimensione massima del blocco e SegWit è stato il risultato. Mentre approfondiremo ulteriormente i dettagli di SegWit in un'altra lezione, questo cambiamento nel protocollo ha sostanzialmente coinvolto la rimozione (segregazione) del "testimone" - i dati dall'elenco di input che erano necessari per verificare la validità delle transazioni ma non erano necessari per determinare gli effetti delle transazioni. Pertanto, SegWit è un soft fork della blockchain originale di Bitcoin. L'altro gruppo che voleva scalare Bitcoin non era d'accordo. I sostenitori di questo gruppo ritenevano che SegWit fosse troppo complicato e contestavano la limitazione delle dimensioni del blocco. Come potrebbe Bitcoin diventare la futura valuta dominante quando faceva una media di sette transazioni al secondo? Perché non aumentare semplicemente la dimensione del blocco e lasciare che la rete gestisca di più? Poiché i gruppi non erano in grado di concordare come procedere, il risultato finale è stato quello che viene chiamato un fork "controverso".

Un controverso hard fork: Bitcoin Cash (BCH)

Il 1° agosto 2017, la rete Bitcoin si è fortemente biforcuta, il che significa che alcuni utenti si sono schierati con il gruppo SegWit e altri con il gruppo delle dimensioni del blocco. Di conseguenza, la blockchain di Bitcoin si è divisa in due: la blockchain di Bitcoin originale ha implementato SegWit e il block size group ha supportato l'emergere di Bitcoin Cash, che da allora si è evoluto in uno degli altcoin più importanti. Pertanto, Bitcoin Cash è un hard fork della blockchain Bitcoin originale.

Fork temporanea

Il terzo tipo di fork è una circostanza inerente a un processo di mining Proof of Work. In questa situazione, due minatori in una rete scoprono un blocco contemporaneamente, la blockchain si divide temporaneamente in due blockchain concorrenti. In questo caso, la blockchain più lunga è considerata la blockchain "vera" e la blockchain più corta viene abbandonata.

Monete spin-off

Le monete spin-off vengono create sul codice open source di una criptovaluta esistente al fine di creare un nuovo progetto di valuta con nuove funzionalità, come Litecoin.

DIFFERENZE TRA HARD FORK E SOFT FORK

La principale differenza tra un hard fork e un soft fork è quanto sia necessario aggiornare il software del nodo per continuare a partecipare alla rete. I nodi nella nuova versione della blockchain accettano le regole della vecchia blockchain per un certo periodo di tempo, insieme alle nuove regole e la rete mantiene una vecchia versione mentre viene creata la nuova versione.

La principale differenza tra un hard fork e un soft fork è essenzialmente che il cambio di protocollo è graduale.

Dopo l'implementazione di un soft fork, gli utenti che hanno copie complete della blockchain in questione possono seguire sia le vecchie che le nuove regole fino a un certo punto, rendendo questa blockchain "retrocompatibile". I minatori, che sono anche la chiave per un soft fork di successo, decidono per quanto tempo dura questo periodo. Il risultato finale è una nuova blockchain valida con solo la maggior parte dei miner che devono aggiornare il proprio software.

Le sfide

Alcuni sostengono che gli hard fork rappresentano una minaccia per il mantenimento della prevedibilità e stabilità delle reti che sono essenziali per l'adozione delle criptovalute nelle transazioni finanziarie quotidiane. Le lotte di potere che coinvolgono hard fork controversi possono confondere gli utenti e provocare la perdita di fondi nel caso in cui gli utenti inviino fondi alla rete sbagliata. D'altra parte, i fork offrono a una rete la possibilità di verificare se stessa e di aggiungere funzionalità aumentate come funzionalità di ridimensionamento alle criptovalute esistenti, che sono ugualmente essenziali per l'adozione. Tutto sommato, la sfida sta più nell'esecuzione dell'evento che nel principio stesso. Pertanto, processi di governance efficaci sono in ogni caso un prerequisito. Gli utenti di software hanno generalmente familiarità con gli aggiornamenti software e gli upgrade che mirano a far funzionare in modo più efficiente l'applicazione che stanno utilizzando. Gli Hard e soft fork sulla blockchain funzionano in modo simile.

Mentre i fornitori di servizi centralizzati aggiornano facilmente il loro software con nuove funzionalità con il semplice tocco di un pulsante, un'applicazione decentralizzata, come le criptovalute sulla blockchain, necessita di un approccio diverso.

Dato che le blockchain sono protocolli decentralizzati e open-source, la decisione di passare a un nuovo protocollo richiede il consenso di tutti gli utenti sulla rete, poiché non esiste un'autorità centrale per dettare le modifiche alla rete. Questo processo unico di aggiornamento o upgrade di una blockchain, quindi, è chiamato **fork**.

Capire i fork su una blockchain

Al suo livello più elementare, una blockchain può essere rappresentata come un insieme di blocchi di dati, collegati tramite l'uso di chiavi crittografiche sicure, formando una catena di blocchi che risale al primissimo blocco (il cosiddetto Genesis Block).

Pertanto, puoi immaginare la blockchain come un percorso rettilineo fatto di blocchi collegati tra loro. Poiché i blocchi sono concatenati insieme attraverso un consenso su cui tutti i blocchi concordano, qualsiasi aggiornamento al sistema richiederebbe una modifica del consenso su tutti i blocchi. Questo è impossibile da ottenere poiché i blocchi sono collegati tramite un insieme immutabile di regole.

Un fork è quindi un evento sulla blockchain che copia il software originale della blockchain esistente ma, allo stesso tempo, aggiunge nuove modifiche che prima non esistevano sulla blockchain "legacy". Poiché entrambe le blockchain non possono coesistere, la nuova blockchain prende una direzione diversa, formando una deviazione a forcella dalla blockchain principale. Ora invece di un percorso, la rete si ramifica per formare due percorsi.

Chi determina la formazione di un fork?

Poiché la blockchain non è gestita da alcuna autorità centrale, è responsabilità dei partecipanti alla rete concordare la via da seguire per la rete e implementare modifiche appropriate a vantaggio dell'efficienza complessiva della rete.

Tuttavia, le blockchain presentano diversi sottoinsiemi di partecipanti che vanno dai minatori agli utenti e agli sviluppatori full node. Allora, chi ha l'ultima parola su quali modifiche dovrebbero essere implementate sulla rete?

Poiché ogni sottoinsieme contribuisce in modo diverso alla rete, alcuni ottengono più potere di voto di altri. Ad esempio, gli sviluppatori creano e aggiornano il codice che viene eseguito all'interno della blockchain, i minatori proteggono la rete dedicando risorse di calcolo per la convalida dei blocchi e gli utenti full node fungono da spina dorsale o auditor della rete mentre convalidano e mantengono la cronologia della blockchain.

La maggior parte delle blockchain open source consentirà una sovrapposizione di queste responsabilità e, quindi, una responsabilità condivisa sul processo di formazione del fork. Tuttavia, sono principalmente i minatori a determinare la sicurezza e la popolarità di entrambe le versioni poiché forniscono continuamente risorse di calcolo che gestiscono la rete. Quando c'è un disaccordo sulla futura progressione di una blockchain, vince la parte che porta la maggior parte dei miner a partecipare.

Ricapitolando allora, cos'è un hard fork?

Finora abbiamo stabilito che i fork sono aggiornamenti o upgrade al protocollo software della blockchain che si traducono in una divisione della rete blockchain principale. È logico che se c'è una criptovaluta in esecuzione su una vecchia blockchain, un fork su quella blockchain comporterà anche la creazione di una seconda criptovaluta sulla nuova blockchain. Un hard fork si verifica quando le regole del protocollo blockchain vengono aggiornate o modificate in modo che la vecchia blockchain e la nuova blockchain diventino incompatibili. Ciò significa che i vecchi nodi rifiuteranno di accettare i blocchi appena aggiornati e la nuova blockchain opererà su nuove regole che rifiutano continuamente i blocchi dalla vecchia blockchain. In termini tecnici, si parla di **aggiornamento software incompatibile con le versioni precedenti.**

La creazione di Bitcoin cash è un buon esempio di un evento hard fork sulla blockchain di Bitcoin. L'hard fork si è verificato dopo un disaccordo nella comunità Bitcoin sull'approccio migliore per il ridimensionamento della rete.

Da un lato dell'argomento c'erano membri che volevano aumentare la dimensione del blocco mentre l'altro lato si opponeva alle modifiche. Una fazione della comunità ha seguito il percorso di Bitcoin Cash mentre l'altra è rimasta sulla rete principale di Bitcoin. Ora entrambe le monete, ovvero Bitcoin e Bitcoin Cash, funzionano su blockchain differenti; tuttavia, condividono la stessa storia dal punto del bivio.

Cos'è un soft fork?

Mentre un hard fork è considerato un aggiornamento incompatibile con le versioni precedenti della blockchain, un soft fork è una modifica alle regole **compatibile con le versioni precedenti.**

Ciò significa che la vecchia blockchain continuerà ad accettare blocchi dal nuovo protocollo blockchain aggiornato anche se c'è un cambiamento nelle regole istigato dal nuovo software.

Al suo interno, un soft fork "inganna" la vecchia blockchain facendole accettare le nuove regole come valide e quindi accettare contemporaneamente sia i blocchi aggiornati che quelli vecchi di transazioni.

Entrambi i fork creano una divisione nella blockchain principale. Tuttavia, un hard fork si traduce in due diversi blockchain e un soft fork mira a mantenere la vecchia blockchain correndo su due corsie con diversi set di regole.

Un buon esempio di soft fork implementato con successo è l'aggiornamento Segregated Witness (SegWit) al protocollo Bitcoin avvenuto nel 2015.

Prima dell'aggiornamento SegWit, il protocollo Bitcoin impiegava più tempo per elaborare la transazione e il costo per transizione era molto più alto a circa 26 euro per transazione. L'aggiornamento SegWit ha riconosciuto che i dati della firma occupano circa il 65% dello spazio in un blocco transazionale. Pertanto, SegWit ha proposto un aumento della dimensione effettiva del blocco da 1 MB a 4 MB.

L'idea era di separare o rimuovere i dati della firma dai dati transazionali su ogni blocco sulla blockchain, liberando spazio per un throughput transazionale maggiore per blocco.

L'aggiornamento SegWit è un buon esempio di come la vecchia blockchain di Bitcoin fosse in grado di accettare contemporaneamente nuovi blocchi da 4 MB e blocchi da 1 MB. Ciò si ottiene attraverso un processo ingegneristico intelligente che formatta nuove regole senza infrangere quelle vecchie. Pertanto è solo attraverso un soft fork in cui i vecchi nodi possono ancora convalidare nuovi blocchi. C'è ancora molto disaccordo nello spazio blockchain e crypto su quale tipo di fork sia il migliore per aggiornare una rete blockchain. Mentre un hard fork è noto per la divisione delle comunità, le soft fork sono considerate l'opzione più delicata anche se presentano rischi intrinseci. Un soft fork può essere utilizzato da malintenzionati per ingannare gli utenti full node e i minatori per convalidare i blocchi che violano le regole della blockchain.

Gli utenti full node agiscono come revisori di una blockchain poiché mantengono una copia dell'intera blockchain. Pertanto, è loro compito garantire che ogni nuovo blocco sia conforme alle regole della vecchia blockchain. Se un gruppo di persone sulla blockchain riesce a creare nuove regole all'insaputa degli utenti full node della rete, la sicurezza della rete può essere compromessa. Ad esempio, il Bitcoin mantiene le sue caratteristiche decentralizzate attraverso l'uso di full nodes e miners che operano in modo indipendente e confermano la validità del libro mastro. È così che vengono rafforzate le politiche economiche chiave, come la prevenzione della doppia spesa e la formula dell'inflazione di Bitcoin.

Tuttavia, supponiamo che i truffatori riescano a ingannare i miner e i nodi completi facendogli accettare blocchi che violano le regole. In tal caso, la blockchain potrebbe rischiare di convalidare blocchi non validi portando a un eventuale collasso del sistema. Finora, le comunità blockchain mitigano questo rischio rendendo pubblico ogni soft fork. Gli hard fork, d'altra parte, non sono privi di una propria serie di sfide.

Dato che i minatori proteggono la rete blockchain fornendo potenza di hashing al protocollo, molti sostengono che gli hard fork sono pericolosi in quanto suddividono la potenza di hashing della rete e quindi riducono la sicurezza e la capacità di elaborazione della rete.

Conclusione: evoluzione delle blockchain

Indipendentemente dal tipo di fork che preferisci su una blockchain, è chiaro che c'è ancora molto da fare per garantire una transizione graduale degli aggiornamenti e degli upgrade blockchain. La maggior parte dei miner e dei commercianti di blockchain preferiscono gli hard fork poiché limitano il rischio di convalidare o estrarre blocchi non validi.

Correndo su una blockchain con la maggioranza, i miner e i commercianti di blockchain non saranno lasciati indietro o saranno frodati. Tuttavia, gli hard fork richiedono molte risorse di calcolo e sono considerati dannosi per il futuro delle criptovalute.

Nonostante i loro rischi intrinseci, i soft fork offrono una soluzione molto più veloce per gli aggiornamenti del software sulla blockchain senza l'uso eccessivo di risorse computazionali. I soft fork sono anche lodati per la loro capacità di implementare aggiornamenti senza dividere la comunità.

CAPITOLO 13
IL FUTURO: UNA SFIDA DA VINCERE

I l futuro della criptovaluta può influenzare il tuo conto pensionistico.

Punti chiave

- La criptovaluta continua a essere una classe di asset calda

- Usare i fondi pensione per investire può essere la soluzione migliore

- Il futuro è luminoso per la nuova tecnologia

Crypto è un mercato in espansione che sta ancora maturando nel tempo. La metrica della sua maturità sono i casi d'uso che fluiscono nello spazio crittografico di giorno. DeFi, NFT, token di governance e Bitcoin sono alcuni esempi. La direzione verso la quale si orienterà la crittografia in futuro è determinata anche da questi casi d'uso. Inizialmente, c'era un dibattito se le criptovalute sarebbero finite per diventare asset o valute di tutti i giorni, ma con l'innovazione che entra nello spazio crittografico, il dibattito è risolto e ha mostrato al mondo che c'è molto di più in queste valute digitali di quello che si presumeva. In futuro, vedremo l'adozione di criptovalute, classificate nelle seguenti categorie:

Risorse:

Valute come Bitcoin hanno scorte molto limitate, l'offerta dovrebbe esaurirsi nel 2140, il che significa che la valuta digitale è una merce scarsa. Quindi, il Bitcoin potrebbe essere usato come valuta transazionale per ora, ma a causa dell'offerta limitata e della crescente domanda, ci saranno solo aumenti dei prezzi in futuro che lo rendono un bene in cui investire.

Valute transazionali:

Le valute transazionali devono essere di natura non volatile. È qui che entrano in gioco le monete stabili. Le monete stabili sono gettoni che mantengono un legame 1: 1 con un asset sottostante che nella maggior parte dei casi è una valuta fiat. Tether, ad esempio, è rimasto a $ 1 da quando è nato. Queste valute possono essere utilizzate per effettuare pagamenti in quanto non sono soggette alla volatilità del mercato.

Token di governance - Democrazia decentralizzata:

I token di governance sono token in un ecosistema blockchain che sono detenuti dagli utenti per ottenere il potere di governare i cambiamenti in quel sistema. Questi cambiamenti sono solitamente legati agli aspetti tecnologici del progetto attraverso il voto, ma i casi d'uso possono espandersi nel tempo.

Questi token di governance possono essere utilizzati per formare interi sistemi di voto su blockchain che includono anche le elezioni presidenziali statunitensi. A parte questo, i token di governance possono essere caratterizzati come azioni di un determinato progetto. Più gettoni hai in mano; maggiore è la posta in gioco che hai nella compagnia.

Oggetti da collezione, giochi e royalty:

Anche se non sei un fanatico della blockchain, è probabile che tu abbia sentito parlare di NFT o token non fungibili. Questi gettoni sono unici e indivisibili grazie ai quali hanno molta utilità. Le ricompense di giochi rari, gli oggetti da collezione rari, le identità digitali e i diritti d'autore per gli artisti vengono introdotti su più piattaforme. I casi d'uso saranno diversificati, il che porterebbe a molte più interessanti applicazioni per questi NFT.

Interessi e ROI fissi:

Sappiamo che la blockchain elimina la necessità di banche e parti centrali. Quindi, le masse si sposterebbero verso "conti di risparmio" in criptovaluta piuttosto che in banche. Questi conti di risparmio sono essenzialmente gettoni bloccati nel sistema per fornire liquidità per la quale si ottiene una percentuale fissa di rendimento mensile. Questo servizio è disponibile su piattaforme protette e convalidate dall'algoritmo Proof of Stake.

Conti pensione:

La maggior parte delle persone che s'immergono nello spazio crittografico sono qui per investimenti, risparmi e altri vantaggi finanziari. Un'altra cosa che si sta facendo un nome nell'aspetto finanziario della blockchain sono i conti pensionistici individuali (IRA). A causa di eventi mondani, i mercati finanziari stanno acquisendo volatilità nel tempo a causa della quale gli investitori sono sempre alla ricerca di diversificare i loro investimenti che possono ripagare dopo il loro pensionamento. Ciò include IRA basati su Bitcoin e anche altri IRA di criptovalute. La tendenza rialzista e l'aumento della capitalizzazione di mercato delle criptovalute suggeriscono che questi conti pensionistici guadagnerebbero sicuramente molta popolarità a causa della minore volatilità, migliori rendimenti, sicurezza ed esperienza. Proprio come gli altri IRA, i titolari richiedono ai custodi di gestire i propri account. A seconda del budget iniziale, puoi accedere a diversi tipi di IRA.

Coloro che desiderano gestire i propri fondi da soli possono anche creare portafogli dove conservano i propri depositi a cui sarà possibile accedere molto più avanti in futuro. Questo non solo aiuta a risparmiare ma, guardando l'attuale comportamento del mercato, è sicuro dire che questi risparmi produrranno anche rendimenti elevati in futuro. Tutto sommato, il mercato delle criptovalute sta attirando molte innovazioni e casi d'uso che lo renderebbero un enorme mercato finanziario che attirerebbe anche l'attenzione dei trader tradizionali e degli investitori.

Prevedere il futuro dello strano e meraviglioso mondo delle criptovalute potrebbe essere un compito arduo anche per i sensitivi più prolifici. Solo cinque anni fa Bitcoin si stava riprendendo dal suo primo crash e veniva scambiato per poco, con esperti che liquidavano continuamente la criptovaluta come una bolla.

Da allora a oggi, Bitcoin ha raggiunto vette vertiginose.

Crypto prospererà di fronte alla tradizione ...

Le criptovalute sono entrate nel mondo dopo una crisi finanziaria divorante, i cui effetti si sentono ancora oggi. In tempi in cui si profilava la prospettiva di una recessione, la prospettiva di investire in un'entità decentralizzata come le criptovalute sembrava un'opportunità interessante per sfuggire al pizzico delle difficoltà finanziarie. Con il rapporto di Barron secondo cui i due terzi degli economisti prevedono una qualche forma di recessione economica entro la fine del 2021, il richiamo di investire al di fuori della valuta tradizionale diventerà più allettante per gli investitori.

Se c'è abbastanza speculazione sul fatto che le criptovalute potrebbero agire come un rifugio sicuro per le nostre finanze durante i periodi di difficoltà economiche più ampie, è giusto presumere che nomi affermati come Bitcoin ed Ethereum subiranno un aumento di valore, tuttavia sarebbe sciocco discutere della sostenibilità di qualsiasi aumento del valore di mercato di una valuta specifica.

... ma rimarrà volatile

Quando si parla del mondo delle criptovalute, l'unica vera certezza è l'incertezza. Quando bastano dodici mesi perché un asset perda l'80% della sua quota di mercato, è un gioco da ragazzi fare previsioni specifiche sui prezzi delle criptovalute in futuro.

Ciò di cui possiamo essere certi, tuttavia, è che entro il 2025 ci sarà un'abbondanza di tecnologia che consentirà alle criptovalute di prosperare. Dalle intricate reti blockchain che possono sfruttare le transazioni istantanee alla rivisitazione di portali di micropagamenti per i servizi online, ci sono molte ragioni per abbracciare la volatilità ed essere entusiasti delle criptovalute nel 2025.

CONCLUSIONI

Siamo arrivati alla fine di questo studio affascinante e incredibile. Dobbiamo tenere conto che nonostare le incertezze, le criptovalute sono diventate una verità e una conferma nel business e nel mondo. Vediamo gli aspetti positivi.

I 10 VANTAGGI DI PAGARE CON LE CRIPTOVALUTE

1. **Pagamenti economici e istantanei in tutto il mondo**

La criptovaluta è un nuovo metodo di pagamento basato sulla tecnologia blockchain. Per mezzo della crittografia intelligente vengono create valute digitali uniche e divisibili. I costi di transazione delle criptovalute sono bassi e i pagamenti possono avvenire quasi immediatamente e in tutto il mondo.

2. Puoi portare la criptovaluta ovunque

Le criptovalute possono essere memorizzate in un portafoglio digitale (wallet) che puoi gestire dal tuo computer, dal tuo telefono o che puoi memorizzare in un portafoglio hardware (una specie di chiavetta USB). Questo può essere fatto, ad esempio, con la Ledger Nano S .

Questo portafoglio hardware offre la possibilità di portare le tue criptovalute ovunque.

Un'alternativa è archiviare la tua criptovaluta su una carta di credito. L' azienda TenX lo sta sviluppando.

3. La criptovaluta è di tua proprietà

Finché conosci la password / passphrase del tuo portafoglio digitale, le criptovalute sono completamente sotto la tua gestione e proprietà e nessun altro può usarle.

Questo è in contrasto con i soldi che metti su un conto bancario, che dal punto di vista legale non è più tuo. Quando depositi denaro sul tuo conto bancario, diventi un creditore della banca, che gestisce i tuoi soldi per tuo conto.

Nelle transazioni che effettui con "i tuoi soldi", la banca funge da intermediario tra te e una terza parte. Per quanto riguarda queste transazioni, confidi che la banca eseguirà il trasferimento come previsto.

Funziona in modo diverso con le criptovalute. Fai immediatamente affari con altre persone senza l'intervento di una banca o di terzi. Le transazioni con le criptovalute sono transazioni peer-to-peer o transazioni da persone a persone.

4. Banking the unbanked

Circa 2 miliardi di persone in tutto il mondo non hanno accesso a un conto bancario. Molte di queste persone hanno un telefono cellulare.

Le criptovalute e la tecnologia blockchain consentono a queste persone di effettuare transazioni finanziarie tramite biometria e telefono cellulare e aumentare così la loro prosperità.

5. Integrità delle transazioni

Il trust per una transazione con criptovalute non deriva da un istituto come la banca ma dal codice informatico della specifica criptovaluta. Un termine spesso sentito nel mondo delle criptovalute è quindi: "fidati del codice".

La fiducia nel codice è maggiore poiché più persone utilizzano la blockchain specifica e / o più garanzie di sicurezza o una migliore crittografia sono integrate nel codice.

A volte la durata o la storia di una blockchain è anche una garanzia della fiducia che gli utenti traggono dalla blockchain.

6. Elevato livello di privacy

Per poter eseguire transazioni tramite una banca, sei obbligato a fornire ampie informazioni personali. Per i pagamenti con criptovaluta non è necessario fornire dati personali e le transazioni avvengono in forma anonima.

Il grado di privacy e anonimato varia da criptovaluta a criptovaluta. Ad esempio, le monete crittografiche Monero, Dash, CloakCoin e Verge sono note per la loro attenzione alla privacy.

7. **Tracciabilità completa delle transazioni 24 ore su 24, 7 giorni su 7**

Ogni transazione all'interno della blockchain viene verificata da una rete decentralizzata di dispositivi (chiamati nodi), timbrati in tempo e collegati alla transazione precedente, creando una serie cronologica di transazioni.

Il registro di queste transazioni successive e irreversibili (chiamato anche blockchain) è continuamente sincronizzato e aggiornato su tutti i dispositivi che partecipano alla rete blockchain.

Ciò rende impossibile che una terza parte manipoli il pagamento o che il mittente annulli il pagamento.

Tutti possono anche verificare continuamente se è avvenuta o meno una transazione.

Queste transazioni possono essere seguite in modo anonimo da tutti tramite il cosiddetto block explorer.

8. **Divisibile su tutti i conti bancari crittografici che desideri**

All'interno del tuo portafoglio crittografico puoi creare tutti i numeri di conto o gli indirizzi che desideri. Questo può essere utile quando decidi di non avere troppe criptovalute in tasca. Supponi di avere un valore di 1.000 € in Bitcoin. Puoi lasciarlo a un indirizzo bitcoin, ma se vuoi pagare con il tuo cellulare, è utile utilizzare un'app sul tuo telefonino per creare un indirizzo bitcoin separato o un numero di conto a cui trasferire ad esempio € 100.

Quindi puoi spendere fino a € 100 in Bitcoin tramite il tuo telefono cellulare.

Puoi anche creare i tuoi numeri di conto per spese fisse, generi alimentari, vacanze o per i bambini. In breve, con le criptovalute sei il tuo banchiere.

9. Criptovalute: denaro come DNA

Normalmente migliaia di dispositivi (o nodi) partecipano alla blockchain, quindi non è un problema quando uno o più dispositivi / server (temporaneamente) scompaiono dalla rete.

A causa di questa natura decentralizzata della rete blockchain, è praticamente impossibile per un'autorità centrale intervenire o sospendere un progetto blockchain.

Il registro blockchain può quindi essere considerato come un tipo di DNA in cui un singolo server / nodo contiene l'intera blockchain.

Questo è in qualche modo paragonabile al nostro corpo umano, dove il DNA di ogni cellula trasporta il modello dell'intero corpo.

Ok, quindi abbiamo una nuova tecnologia dove possiamo eseguire transazioni di valore tra loro senza l'intervento di una banca, che sono uniche, irreversibili e verificabili. Ma c'è di più....

10. Crypto garantisce una gestione rapida, trasparente e sicura dei contratti intelligenti

La tecnologia blockchain consente di digitalizzare praticamente ogni oggetto o servizio 3D e di metterne il valore nella blockchain.

Ad esempio, azioni, auto o case possono essere inserite nella blockchain e scambiate tramite contratti automatici (contratti intelligenti).

Di conseguenza, l'intervento di terzi quali banche, notai e consulenti non è più necessario e le transazioni possono avvenire in modo più rapido ed economico. Lo stesso vale per servizi come prestiti, assicurazioni o tracciabilità delle merci.

Questo può essere utile, ad esempio, per risalire alle origini e ai trattamenti del nostro cibo. Puoi anche gestire la tua identità personale in modo sicuro nella blockchain e utilizzarla ad esempio quando acquisti biglietti aerei, viaggi con i mezzi pubblici, fai il check-in in un hotel, verifica l'età quando acquisti alcolici, ecc.

Infine, i contratti intelligenti possono essere utilizzati per automatizzare completamente i compiti del governo, ad esempio durante la riscossione delle tasse, il rilascio di permessi, il pagamento di sussidi e quando si tengono elezioni locali, regionali o nazionali.

Il vantaggio dell'uso della tecnologia blockchain da parte del governo è che tutte le transazioni possono essere seguite tramite blockchain.

Così tutti possono vedere esattamente cosa entra e cosa esce.

Di conseguenza, l'apparato governativo può diventare molto più trasparente.

Per finire, comprendere queste nuove valute digitali, come possiamo usarle nella nostra vita quotidiana e come influenzeranno il commercio globale sono argomenti estremamente importanti e tempestivi. Se sei riuscito a evitare di utilizzare la criptovaluta fino ad ora, o sei un ritardatario in generale, non preoccuparti.

Ecco alcuni dei vantaggi dell'utilizzo della criptovaluta e come farlo può cambiare completamente la tua visione del denaro.

Migliore sicurezza

A differenza dei pagamenti tradizionali, come contanti e carte di credito, le criptovalute sono digitali e crittografate; non puoi essere derubato in una transazione con i sistemi di pagamento legacy, ed è molto più difficile rubare criptovaluta rispetto a un portafoglio pieno di contanti. In un mondo in cui molte delle nostre transazioni sono online e i nostri risparmi e la nostra solvibilità sono in gioco in ogni momento, tutto ciò che fornisce una maggiore sicurezza delle transazioni è un vantaggio.

E attualmente non esiste alcun meccanismo di transazione che sia attualmente più sicuro e protetto di quelli che utilizzano la criptovaluta.

Taglia fuori l'intermediario

Un altro grande vantaggio dell'utilizzo della criptovaluta, soprattutto quando si acquistano proprietà immobiliari, è che la valuta digitale può aiutare a eliminare costosi broker, avvocati e altri tipici "intermediari" che inevitabilmente aumentano i costi di transazioni già costose.

La criptovaluta può essenzialmente agire come "un grande database di diritti di proprietà", secondo un esperto finanziario , e può essere utilizzata per eseguire e applicare contratti a due parti su elementi come immobili e automobili, eliminando così costose spese legali e di intermediazione.

Accesso a tutti in ogni mercato

Poiché sempre più persone, inclusi miliardi di persone nei paesi in via di sviluppo, utilizzano sempre più dispositivi mobili collegati a Internet per condurre transazioni finanziarie, la criptovaluta diventerà davvero unica. Tutte le criptovalute sono progettate per transazioni a basso costo e senza commissioni, quindi senza dubbio queste valute digitali diventeranno sempre più popolari man mano che sempre più persone avranno accesso ai dispositivi mobili per condurre transazioni finanziarie.

Alla fine degli anni '90 e all'inizio degli anni 2000, la tecnologia dei telefoni cellulari si è diffusa rapidamente nel mondo in via di sviluppo e ha saturato i mercati in cui i telefoni fissi standard non erano mai stati istituiti; la criptovaluta è pronta a fare la stessa identica cosa.

Riconoscimento universale

Se fai affari a livello globale, o viaggi frequentemente, sei spesso esposto al rischio di cambio; ovvero, la transazione può essere influenzata dai tassi di cambio delle valute. Potresti anche essere soggetto a commissioni associate allo scambio di una valuta con un'altra o trovare difficoltà nel cambio di valuta del tutto. Fortunatamente, con criptovalute come Bitcoin, questo non è un problema, poiché la valuta digitale è universalmente riconosciuta a un dato valore.

Ciò consente di risparmiare tempo nella determinazione del prezzo di una transazione, nonché di eventuali commissioni associate allo scambio di denaro da una forma all'altra. Poiché la criptovaluta è sempre più adottata in tutto il mondo, renderà le transazioni finanziarie più veloci e semplici, il che è un'ottima cosa per tutte le persone coinvolte.

Sei al posto di guida

Una delle cose migliori della criptovaluta è che, a differenza di qualsiasi altro tipo di sistema di trattenimento del denaro (ad eccezione di una cassaforte a muro o del tuo portafoglio), ne sei totalmente proprietario. Pensaci: la maggior parte dei sistemi di asset liquidi tradizionali - banche, unioni di credito, società di intermediazione o anche high tech come PayPal - prendono il controllo dei tuoi fondi e ti lasciano soggetto ai loro termini di servizio. Se decidono che hai violato questi termini, possono sospendere il tuo account.

Possono modificare i loro termini di servizio e farti pagare di più o ricevere meno fondi per transazioni importanti. Con la criptovaluta, conservi tutti i fondi a portata di mano, per così dire, digitalmente, senza il coinvolgimento di terze parti; l'unico che può cambiare i termini dell'utilizzo della tua criptovaluta sei TU.

www.ingramcontent.com/pod-product-compliance
Lightning Source LLC
Chambersburg PA
CBHW070642220526
45466CB00001B/255